YO... ¡COCODRILO!

CÓMO NACE UN TRIUNFADOR

Juan Manuel Opi

Advertencia

Este libro está diseñado para proporcionar información y motivación para nuestros lectores. Se vende con el bien entendido de que el autor no se dedica a prestar ningún tipo de consejo psicológico, legal o ningún otro tipo de asesoramiento profesional. Las instrucciones y consejos en este libro no pretenden ser un sustituto para el asesoramiento. El contenido de cada capítulo es la sola expresión y opinión de su autor. No hay ninguna garantía expresa o implícita por elección del editor o del autor incluida en ninguno de los contenidos en este volumen. Ni el editor ni el autor individual serán responsables de los daños y perjuicios físicos, psicológicos, emocionales, financieros o comerciales, incluyendo, sin exclusión de otros, el especial, el incidental, el consecuente u otros daños. Nuestros puntos de vista y derechos son los mismos:

Tienes que probarlo todo por ti mismo de acuerdo con tu propia situación, talentos e inspiraciones.

Eres responsable de tus propias decisiones, elecciones, acciones y resultados.

Juan Manuel Opi

ISBN-13: 978-1981239658
ISBN-10: 1981239650

Índice

DEDICATORIA:

A todas las buenas gentes de cualquier lugar
(Incluidos los cocodrilos, empresarios y políticos)
que trabajan y se esfuerzan
por hacer de este planeta
un "mundo mejor"

En esta nueva edición, a mis más admirados
Triunfadores: Myriam, Artur y Cristian, y
a los futuros triunfadores de nuestra saga:
Lucia, Gabriela, Greta y Álvaro

AGRADECIMIENTOS

Reiterar mi agradecimiento a Marina Granica, verdadera promotora de la obra en sus primeras ediciones.

A Juan Manuel Recio, ejemplar empresario que accedió a prologar esta obra y de lo cual me siento muy orgulloso.

A la Doctora María Isabel Beltrán, que me orientó en la utilización de algunos términos médicos en determinados apartados del libro.

Prólogo

Reconozco que me sorprendió el motivo de la llamada de Juan Manuel Opi. Hemos tenido contactos periódicos para intercambiar opiniones, pero me dijo directamente "He escrito un nuevo libro y me gustaría que redactaras el prólogo". Como consecuencia de la sorpresa, me salieron dos preguntas de las que casi conocía la respuesta; la primera, obviamente,¿ y de que va el libro ? y la respuesta fue " de mis cosas"(cuando Juan Manuel se refiere a sus cosas, los que hemos asistido a sus seminarios y hemos trabajado con él, sabemos que se trata siempre de la mejora de las organizaciones a través de las personas) y la segunda ya más orientada al asunto ¿ y qué quieres que diga ?; fue ahí donde me puso la primera condición "pon lo que te apetezca". Se confirmó una vez más que hay quien tiene confianza en las personas (al menos hasta antes de prologar éste libro).

Bien, hecha esta introducción, aprovecho de la libertad que me ofrece el autor y me voy a permitir dar un consejo sincero a los que se preparan a iniciar la lectura. Si formas parte de ese grupo de personas que está siempre dispuesta a mejorar, a admitir que a pesar de la buena voluntad que pones en cambiar las cosas y en actuar de forma coherente, no siempre lo consigues; que te haces planteamientos que te cuesta llevar a la práctica, pero no quieres bajar la guardia en el empeño de llevar a cabo las acciones que pueden ayudarte y ayudar a los de tu entorno a ser mejores ; que tienes esa sensación íntima de que puedes hacer más para mejorar tu *guión de vida* (1) ……. estoy seguro que en este texto encontrarás materia para la reflexión, ideas para reconducir algunos de los paradigmas que nos vamos construyendo con el día a día y que pesan sobre nuestras actuaciones "reales", y una ayuda para encontrar el camino hacia el éxito personal y para contribuir de forma positiva al éxito de la organización en la que estés trabajando. Si, por el contrario, piensas que "lo tienes todo muy claro", que eso de que las personas son lo más importante de una organización sólo es válido cuando se trata de Ti, que los que predican que "las empresas que cuidan a su gente son las que obtienen mejores y mayores rendimientos" no son más que progres con pocas ganas de trabajar, te aconsejo, sin permiso del autor (que espero me lo consienta), que no malgastes tu tiempo en leer este libro (para lo del dinero, ya he llegado tarde).

El autor, de una forma divertida pero extremadamente seria, fresca pero de una notable profundidad, nos presenta un cuadro donde podemos ver reflejado como hacemos un uso frívolo de nuestras neuronas, malgastándolas la mayor parte del tiempo en "juegos psicológicos" (1) y nos pone de manifiesto con claridad cómo hemos abandonado la costumbre de utilizar el "sentido común" (cuantas interpretaciones libres y desajustadas contiene esta expresión), para sustituirlo por falsas sofisticaciones que, probablemente, sólo ayudan al enriquecimiento de nuestros médicos.

Creo, finalmente, que el autor nos ofrece una oportunidad para tener esperanza en las personas (hasta que no publiquen en los diarios que han encontrado una persona buena, tenemos serias probabilidades de salvación), aspirar a un mundo mejor y, desde la perspectiva empresarial (que no difiere mucho de la cotidiana), ser capaces de crear valor a través del respeto a las personas, al medio ambiente (que aunque no se manifiesta con pancartas, nos pasará el cargo, de hecho, hemos sufrido recientemente de grandes desgracias con sabor a abuso) y una estricta aplicación de los valores éticos que, aunque conocidos, no gozan de la práctica necesaria.

Yo ..... ¡Cocodrilo!, además, es apto para todas las sensibilidades (una de las habilidades de Juan Manuel Opi es la de transmitir conceptos complejos de una forma sencilla y comprensible) y de aplicación desde ahora mismo, por lo cual, no nos deja espacio a la larga e ingeniosa lista de excusas que frenan nuestro desarrollo personal y el de las organizaciones. ¡Nadie dijo que esto de ser adulto iba a ser fácil! Lo que puedo garantizaros es que las satisfacciones de todo tipo que se cosechan por el camino valen realmente la pena… ¡Ah! recuerda que *"no somos como somos, sino como queremos ser".*

JUAN MANUEL RECIO
Consejero Delegado de Vincle
Internacional, S.A.

(1) Juan M. Opi. Las claves del comportamiento Humano. Amat editorial. Barcelona, 2002.

Introducción

¿Es este un libro de auto ayuda? Me preguntaron varios amigos cuando supieron de su "creación". - "Sí, lo es, también es un libro de denuncia y a la vez de esperanza. Es un libro para pasarlo bien y sobre todo para pensar..." ¿Y qué es lo que debemos pensar, según tú? Siguieron preguntando.

Veamos algunas de mis razones y conclusiones como fruto de mi dedicación a lo que muchos colegas llaman *"estudio del comportamiento humano"*. Con muy pocas neuronas y con un cerebro muy primitivo, muchas especies animales tienen unos comportamientos más inteligentes que esta especie "superior" que nos creemos los humanos. Demostrable.

"Para ser como muchos humanos, yo... ¡prefiero ser cocodrilo!". Esto no es una chulesca e inmeditada frase. El ser humano camina hacia la auto destrucción. ¿Pesimista? Millones de hectárea desforestada cada año, destrucción acelerada de la capa de ozono, contaminación de los ríos y mares, deshielo de las reservas polares... y aún peor: políticos sin cerebro y sin corazón al servicio de un capital despiadado e inhumano, todo ello "aderezado con las consiguientes, inútiles e interminables guerras. Y lo más grave; una sociedad sin capacidad de discernir, prisionera y víctima de los mensajes comerciales y "cantos de sirena" propagandísticos con una limitada y raquítica "escala de valores", viviendo inmersa en un vacío

13

existencial, que hace que sus vidas carezcan de sentido y acepten los cotidianos pequeños placeres presentados en bandejas de oro que solo le sirven para hipotecar su vida a cambio de no tener que pensar demasiado.

Por eso, este es un libro que:

- Denuncia la educación y comportamientos familiares poco edificantes y ejemplarizantes.
- Denuncia las empresas que solo se orientan a los beneficios olivándose su función social y de las personas.
- Denuncia a los políticos incompetentes que están a su propio servicio y al de los poderosos, pasándose por el "arco del triunfo" los más elementales derechos humanos.
- Denuncia la destrucción acelerada del planeta sin que nadie (más bien pocos) hagan nada por evitarlo.

Por todo ello, yo prefiero, hoy por hoy; ser cocodrilo, ya que tendré más posibilidades de triunfar (no de ser famoso, que no es lo mismo) como "ser vivo" que soy. Pero antes quiero hacer algo por este mi planeta y esta mi sociedad.

Este es un libro que sólo es un toque de atención relatado de forma romántica y espero que amena e incluso divertida. Es una llamada al corazón y al cerebro. Una llamada para potenciar la capacidad de pensar y discernir. Es también un canto a la esperanza, pues por suerte, como podrá descubrir el lector o lectora, aún quedan personas con capacidad de pensar, discernir y actuar ante los desmanes o el "pasotismo" de la mayoría, espero que estos amigos, sean cada día más... y más...

Este es un relato peculiar, cada capítulo corresponde a una fase de la vida de uno de los protagonistas: un cocodrilo (animal) y un ejecutivo (persona). Se describe la historia de ambos desde antes de su nacimiento hasta después de su muerte. Cada uno a su manera, al final de cada etapa de su vida, llega a unas conclusiones. Al final, veremos que el hombre, este ser privilegiado con un inmenso cerebro de más de cien mil millones de neuronas, no es capaz de aprovecharlas, algo que si hace el protagonista cocodrilo, que, a pesar de un primitivo y escaso contenido neural, llega a darnos verdaderas lecciones de sentido común. ¿Cómo puede ser eso? Se preguntará amable lector o lectora. Pues lea... lea... espero que disfrute y que el mensaje no caiga en el vacío... ese es mi deseo y mi esperanza.

EL FAR-PORT VELL

Barcelona

Pasados unos años:

Después de unos años de su primera edición, la presente obra, de mano de su autor, también ha vivido sus experiencias y afectaciones fruto de las globalizaciones y su desarrollo en la jungla de las modernas formas de gestión de los negocios y las propias vidas.

La esencia de la obra mantiene una total vigencia y prosigue con la misma intención y humanísticos deseos, ya que en el fondo, las personas en su esencia, nada han cambiado.

La obra, (a pesar de un involuntario "parón") ha seguido transitando, confieso que, con verdadero interés por miles de lectores. Ahora, sugerido por muchos de estos seguidores, ha llegado la hora de poner de nuevo la obra a disposición de muchos lectores que creo les pueda interesar.

Por mi parte, siempre con la misma idea e ilusión de aportar mi pequeño granito de arena hacia el logro de una sociedad más justa y feliz.

Azotea de la Libertad
L`Arboç. Tarragona

1

Nace *Bolso*

Y el huevo comenzó a temblar, la fina capa de arena que cubría el escondite hueveril empezó a resquebrajarse. Había varios de ellos, como unos treinta, depositados y no abandonados desde hacía unas ocho semanas.

Bajo aquella fina capa de arena, en plena campiña, allí, entre el húmedo y frondoso bosque y la gran charca que en épocas de grandes lluvias llegaba a conectar con el río, habían permanecido ocultos y protegidos aquel conjunto de "proyectos de nueva vida", o sea ¡los huevos! Una "nidada" fruto de un extraño romance entre un cocodrilo Yacaré y una hembra más "caimanea" que "cocodrila". Con una estructura más de la familia de los Gaviales, *(Gaviales Tomistoma Schlegelii,* o Falso Gavial) especie más propia de otras latitudes, y de color más negro que el mismísimo azabache.

En esto del amor, ya está visto que hasta los cocodrilos pierden el sentido, y capaces son de romper la cadena filogenética de la especie por el quítame unos ojazos envueltos en negro y escamoso cuerpo.

En fin, ya veremos lo que surge de esa mezcla de ADNs.

La escrótica cáscara comenzó a quebrarse, y como si alguien martillase desde dentro con escasa fuerza pero con denodada insistencia, ésta comenzó a ceder, y como diría cualquier ministro, un hilillo de viscoso liquido empezó a desprenderse por el centro de la fisura, de pronto ¡*crahs!* ¿Qué es eso? Un diminuto hocico con unos saltones y como dos superpuestos ojos aparecen por aquella rendija, dos furibundos movimientos del animalito y ¡medio cuerpo fuera!, aparecen unas cortitas patas, ¡hala! zas, zas, y fuera ¡por fin! ¡Superada la primera prueba!

Con sus noventa gramos de peso total y algo menos de treinta centímetros de longitud, el animalito se muestra erguido en este "nuevo mundo". La verdad es que tiene pinta de espabilado, porque "chulo" sería un adjetivo inapropiado. Mirada a la derecha, mirada a la izquierda, ¡a correr!

Bolso, era un cocodrilo recién nacido. Había salido del huevo hacia exactamente, cuatro minutos y *¡zas!* ya estaba zambulléndose en la gran charca *¡fuá!* ¡Superada la segunda prueba! Y todo lo había hecho él solito, ¡sí señor! Ni padre ni madre, ni comadrona ni ná... Seis minutos desde que Bolso empezó a golpear la pared de "su" huevo. (con perdón)

Bolso tendrá que enfrentarse a la vida con los recursos que la naturaleza le ha asignado, que dicho de paso, no es mucho.

Un cerebro limitado. Sesenta y cinco millones de años sin apenas evolución, desde luego ¡ya son años ya! Muy poco evolucionado pues, con relación a su antecesor en la escala evolutiva, el pez. Aunque hay quien afirma que son los últimos representantes de los dinosaurios (seguramente S. Spielberg estará más informado de esta cuestión).

Con el fin de poder adaptarse a la doble función de vivir en el agua y la tierra indistintamente, el primitivo cerebro de pez, un escueto "tubo" con un pequeño haz de nervios que conectaban con los ojos, se ha visto ampliado con unas pocas conexiones más, y una pequeña "masa cerebral" adosada a este primitivo "tubo", la cual le permitirá realizar algunas funciones más complejas, pero vamos, todo muy básico. No hay materia para más, se trata de sacarle partido a lo que se dispone, esa es la cuestión.

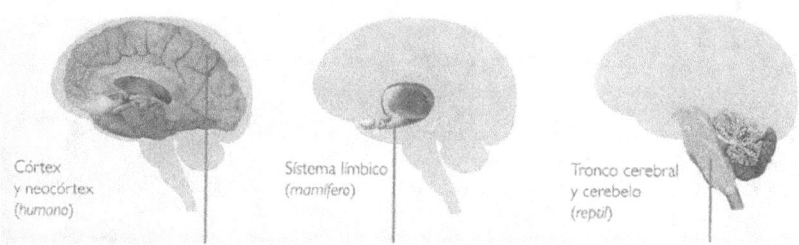

Córtex
y neocórtex
(humano)

Sístema límbico
(mamífero)

Tronco cerebral
y cerebelo
(reptil)

Frente al diminuto y primitivo cerebro de *Bolso*, se está gestando otro con más de cien mil millones de neuronas (si ha leído bien 100.000 millones) con más de mil conexiones cada una de ellas a su servicio. Cientos de kilómetros de "red neuronal", por la que podrán circular millones de datos por segundo. Centros especializados para el análisis de la información, inmensa capacidad de almacenaje memorial, ("disco duro", para entendernos) donde poder acceder para analizar y comparar en milésimas de segundo millones de datos sobre experiencias pasadas. Centros especializados en la toma de decisiones para optar en cada caso, por la más conveniente. Entonces el poseedor de esta maravilla de la naturaleza, es, seguro, no puede ser de otra manera, un ¡súper afortunado! Pues sí, debería, debería...

Veamos que sucede... sígame... sígame...

2

Cómo nace un triunfador.

Esperanza Grande, era la futura mamá de Deleite. Nueve meses de cuidadísimo embarazo, exámenes ginecológicos, análisis de sangre y orina, ecografías a "gogó", un severo régimen alimenticio, sobretodo ¡controlar los niveles de azúcar y la tensión arterial!, y los esfuerzos, sobretodo ¡cuidado con los esfuerzos! etc. etc.

Ocho meses ocupados (el primer mes no cuenta, Esperanza no se había "percatado" de la circunstancia) en, y del embarazo. Todo este tiempo preparando el parto o, alumbramiento.

Todo está a punto, médico, comadrona y asistentes varios, quirófano, y no de un hospital cualquiera no, y demás herramientas y útiles del más moderno instrumental médico, todo dispuesto. Todo estaba previsto. Mucho ojo, ¡dos mutuas nos respaldan! No nos fiamos de la S.S. (Seguridad Social) ¡por si acaso! vale más pagar lo que haga falta...

Sobre todo, que el niño no sufra, qué todo vaya bien. Y todo fue bien, Los últimos dolores, las últimas "contracciones". Todo dentro de los cánones "preparto".

El parto duró, entre pitos y flautas, unas seis horas. Nada fuera de lo normal.

Hombre, a la madre le costaba algo "dilatar", eso es normal en "primerizas", tranquilizaba la comadrona al sufrido futuro padre.

Pero nada, un corte de unos seis centímetros (unos puntos y a correr) y el niño salió como si nada, ¡*ale hop*! Eso sí, al pobrecito, hay que tratarlo con mimo, bueno, salvo el cachete en el culete, eso es necesario para que explote el primer llanto y libere las tensiones propias del parto, porque después de mayor "estas cosas, acaban saliendo".

¡Ya está! Bien lavadito y en su ropita azul. Rápido ¡al pediatra! Medida de pulso, tensión, reflejos, manos y pies: un, dos tres, cuatro, cinco dedos por extremidad, ¡correcto! Boca, ojitos, etc., todo en orden, todo bien, ¡hala!, a la cunita de azulitas y suaves sabanitas.

¡Ay mi Deleite..., igual, igual que *Bolso*! A nuestro cocodrilo le costó ¡seis minutos! nacer y empezar a "ganarse la vida". ¿Y qué será de nuestro Deleite? Bueno, pues le costará, me temo, algo más de tiempo valerse por sí mismo.

Cuando *Bolso* nació, Deleite ya llevaba algunos años en esta vida. Aunque parezca mentira, o no, la vida de un cocodrilo, tiene muchas semejanzas con las de un humano. Evidentemente, también existen muchas diferencias, pero en los aspectos básicos, llevamos una vida muy similar. ¿Que no? Veamos, sino...

- Nacer.
- Comer y beber para sobrevivir.
- Pasar buenos momentos: relajados o excitados.
- Reproducirnos, para mantener la especie.
- Morir.

Este proceso, es el mismo en todas las especies animales, vivan por tierra, agua o aire, Deleite y Bolso, no son ninguna excepción.

A partir de este momento, vamos a hacer un ejercicio de abstracción, y analizaremos la vida de estos dos maravillosos animalitos, el hombre inteligente y desarrollado en todos los sentidos y el primitivo y rudimentario cocodrilo.

Observemos desde nuestra privilegiada atalaya. En el tema de nacer, Bolso le ha dado "sopas con honda" a Deleite. ¡Casi nada! Ocho semanas de "embarazo hueveril" y Bolso a los seis minutos de su nacimiento ya estaba buscando y consiguiendo comida para su subsistencia. ¡Él solito!

Sí, pero me dirá usted que aquí hay trampa.

- ¿Trampa?

- Claro, si analizamos la equivalencia de vida... la vida de un cocodrilo es más corta que la de un humano, y seis minutos equivaldría a ....

- No, no siga amigo o amiga, los seis días primeros, son los seis días primeros para ambos, y el primer año es el primer año para ambos... De todas formas, no es esta la cuestión pues un cocodrilo llega a vivir cincuenta años, por lo tanto la diferencia no es tan acusada.

- ¿Y cuál es la cuestión pues?

- Pues la cuestión podría ser: analicemos el comportamiento de *ambos dos* sujetos desde el momento que ambos están preparados, cada uno en su hábitat, para hacer frente a la vida. ¿Quién se desenvuelve mejor?

- Oiga, ¿pero qué dice? No se puede comparar un cocodrilo con un hombre, son distintos, no hacen las mismas cosas... ir al cine, jugar al fútbol, construir aviones y ordenadores, todo el tema de la televisión.... concursos, programas del corazón.... y otras cosas así de importantes, o más... ¡no es posible!

- ¡¿Cómo que no es posible comparar?! ¿No hemos quedado, que hay cinco apartados básicos en los que coincidimos todas (o casi todas) las especies animales y que el hombre pertenece a una de ellas?

- Sí, es cierto...

- ¿Qué le parece, si como le comentaba, intentamos hacer una comparativa con aquellos aspectos que sea posible?, y de paso, comprobamos que tal "desarrollados" estamos los humanos, en este caso, representados por Deleite, en comparación con, por ejemplo los cocodrilos, que bien puede representar nuestro peculiar Bolso, y que como ha quedado explicado, no pertenece precisamente a una especie con la que el proceso evolutivo, haya sido muy rápido o significativamente generoso ¿qué le parece?

- Me parece bien, puede ser interesante...

Y esto, nos lleva a retomar la historia de nuestros amigos Deleite y *Bolso*.

Hemos quedado que sobre el nacimiento y los primeros pasos, no hay color...

3

LA INFANCIA

Deleite tuvo una feliz infancia, no le falto de nada oiga. Siempre fue un niño muy sano. Su madre le amamantó hasta los dos años. Eso es muy bueno para el sistema inmunológico, le había dicho el pediatra.

Siempre corriendo de un lado para otro, un poco travieso, eso sí... pero muy normal para su edad. Pero sobre todo, mucha vitalidad, parecía que vendía salud.

Bien, todo muy normal, en su momento, claro está, y a modo de prevención, pues "más vale prevenir que curar", Deleite fue puntualmente vacunado contra la hepatitis B, también, ¡cómo no! la "trivalente": Difteria, Tétanos y Tosferina, la Polio, la H. Influenzae B[7, Meningococo (Meningitis)] otra "trivalente: Sarampión, Rubéola y Parotiditis, y para terminar la planificación preventiva, las de la Varicela y Neumococo; ¡ahí queda eso! Por prevenir que no quede...

Tuvo, eso hay que decirlo, además de las ya sabidas y consabidas diarreas infantiles y el problema habitual de la salida de los primeros dientes, con sus fiebres correspondientes y tal...en dos ocasiones, anginas, nada, ocho días de antibiótico y ¡a correr! También algunos resfriados, los normales en los niños de su edad, uno o dos por año, unas aspirinas infantiles, un poco de cama y ¡a correr!, eso sí, tuvo un problema de otitis que le dolió mucho al pobre, se pasó unas cuantas noches sin dormir, eso que se tomaba unas pastillas cada cuatro horas, una aspirina cada ocho y unas gotas que le fueron muy bien cada seis horas...

Bueno, claro, después viene la época del crecimiento, nada, una temporada ingiriendo unas pastillas de calcio y lo que le fue muy, pero que muy bien fue el extracto de hígado de bacalao, mano de santo oiga, porque al pobre niño, se le doblaban las piernas cuando corría y jugaba con sus amiguitos... por lo demás, un niño sanísimo, y muy alto, seguro que "será más alto que su padre". Eso dice constantemente su madre, algo que al padre le parece bien, pero ya se está cansando de oírlo todos los días.

PREPARÁNDOSE PARA EL FUTURO / LOS ESTUDIOS

Deleite ha crecido un montón. El parvulario le ha terminado de despabilar. Ahora tiene un montón de familia. A las "seño" de la guardería ha sumado, a sus abuelos que lo van a llevar y traer los martes y jueves y Rocío y Maite, las canguros de mañana y tarde respectivamente, que se ocupan de Deleite los lunes, miércoles y viernes. Sábados y domingos, salvo que papá y mamá tengan algún compromiso, algo que sólo suele suceder cada quince días, Deleite, está ¡siempre con sus padres! Y si no está más tiempo, es porque los dos trabajan, y claro, el tiempo da para lo que da, oiga...

Federico Musso el padre de Deleite está "la mar" de contento, casi eufórico, su hijo, ya terminó sus estudios de primaria y secundaria. Sin problemas, traer buenas notas era una cuestión "incuestionable" en su casa. Federico se encargaba de recordárselo constantemente: ¡el día que traigas un "insuficiente" ¡prepárate! A trabajar a la frutería, ¡a descargar cajas! Y a barrer la calle... Lo de descargar cajas no lo veía Deleite con malos ojos, pero lo de barrer la calle... solo pensarlo le ponía de los nervios ¡eso sí que no!

Empezó una carrera universitaria. Empresariales le iba como anillo al dedo. A su madre le hubiese gustado que fuese médico, "Un médico en la familia nunca está de más...". Pero el padre si sabe lo que le interesa: "Este va para "director de empresa".

Con la carrera no hubo problema. Incluso pasó con buena nota "la estúpida e incomprensible selectividad", ¡uf!

Buenas notas durante toda la carrera, nada que objetar. Lo cierto es que también se licenció con éxito.

Los padres están muy orgullosos de Deleite, han trabajado duro para darle "una carrera universitaria", como solía decir Federico. El "chaval" ha respondido, se ha centrado mucho en los estudios.

En época de verano, por vacaciones, y "recomendado" por su padre, ayudaba en un restaurante de un amigo de la familia - ¡Tiempo tendrá para disfrutar! Aún es muy joven.   Ahora es tiempo de aprender y prepararse para el futuro para ser alguien... (¿alguien?)

"Hay que preparase para la vida. Ésta es dura, y sólo los mejor preparados triunfan" (¿?). Esta era la frase/mensaje de los padres de Deleite.. *"Estudia, trabaja, estudia, trabaja, estudia..."*

En muchas ocasiones, el padre le hablaba de lo dura que es la vida, que "en esta vida hay que tener reflejos", "solo los rápidos llegan a tiempo a la meta". "Hay que trabajar duro, rápido y bien". Este es el mensaje paternal para triunfar. Y así, con estos mensajes de fondo transcurría la vida de Deleite.

Aquella no era una noche cualquiera. Los padres de Deleite habían invitado a cenar a unos amigos. Tres parejas, los Lópes, los Pelambres y los Molantes. Todos matrimoniados. Parece ser, que dos de los amigos, Lópes y Molantes, lo de la vida en pareja lo llevaban bastante "chungo", bueno, eso comentaban los padres de Deleite (Dele para los más íntimos), Federico (Fede para los amigos) y Esperanza, unas horas antes, en que Fede le censuraba a su señora esposa y madre de Deleite.

- Pues... sí, eso es cosa de ellos, pero si en casa no encuentran lo que necesitan, pues tienen que buscarlo fuera ¿no?

- ¡Si ya lo digo yo, todos los hombres sois iguales! ¡Siempre pensando en lo mismo!

- ¿No lo dirás por mí? ¡Que me mato a trabajar más horas que un reloj...¡

- ¡Ay!, si no fuese por los hijos. – dijo Esperanza, más a modo de reproche que de suspiro...

- Pero... ¿lo dices por mí?

- No, por tus amigos, si no fuese por los hijos... ¡dónde estarían ya!

- Bueno, eso es cosa suya, ellos sabrán lo que hacen... ¡deja el tema ya mujer!

- Eso...dejemos el tema...al final siempre pasa lo mismo, ¡el señor ha de tener la razón! ¡Hombres!

- ¡Lo que hay que aguantar... si no fuera por... ¡mujeres!

- Siempre empezaba igual, siempre terminaba igual...

Cualquier psicólogo transaccionalista habría descubierto que los padres de Dele, habían estado enzarzados en un "Juego Psicológico".

Volvamos a la cena, ¿por qué habían invitado a los amigos a cenar? Adivina, adivinanza. A Dele le habían dado un importante premio en el colegio. Y como el que no quiere, esta era una buena ocasión para "pasárselo por las narices" a estos buenos amigos, que cuando pueden, no se están de presumir de "hijos". Aún recuerda el padre de Dele lo que tuvo que aguantar el pasado año de su amigo José Pelambres cuando su hijo ganó la carrera pedestre del barrio ¡que pesado! Hoy se va a enterar.

¡Menuda cena!

LA PREPARACIÓN PARA LA VIDA

Deleite lo tiene claro, ¡faltaría más! - "Yo no quiero fracasar. Una buena casa, un buen coche, un chalet, quizá un barco..." ¿Por qué no?

- Pero solo con la carrera universitaria, igual no es suficiente, ¡haré un "Master Administración"!

- ¡Vale hijo, lo que haga falta! ¡Aquí está tu padre y tu madre para lo que haga falta! ¡A por el Master! ¡Jo! Mira que son caros estos Masters... Todo sea por el bien del niño...

El esfuerzo familiar es notorio, pero Deleite está muy satisfecho, no solo por lo que está aprendiendo, sino por los "contactos". Ahí hay gente con pasta y de "hijos de papá", ¡no digamos! Están casi todos los apellidos ilustres, aunque también es cierto que hay algunos esforzados "masteriles" que han ahorrado lo suyo para realizar estos estudios... sí, es cierto, hay un poco de todo....

La Escuela, casi les garantiza a todos sus alumnos una buena colocación al terminar el master. "Eso es importantísimo", le había dicho su padre, a la vez que su señora madre relativizaba su preocupación por el futuro de Deleite, "Mira que si después de tanto estudiar no encuentra trabajo... ¡pobrecito mío!"

Bien, y resumiendo: Deleite recoge en singular festejo su flamante diploma que le da acceso directo al Club de los selectos "ex alumnos" de la prestigiosa Escuela. ¡Por fin!. Deleite ya es "alguien".

Tal como le vaticinó su padre, el esfuerzo, la tenacidad, el trabajo bien hecho, han dado sus frutos.

Con su carrera universitaria y su flamante Master, Deleite no tarda en encontrar un buen trabajo. ¡Deleite ya es un ejecutivo! Un ejecutivo de "bajo perfil" o si quieren ustedes de "segunda línea de mando", pero por algo se empieza ¿no? Bueno, ¡a trabajar!

Deleite se incorpora a la empresa Alaboy con algunas cosas bastante claras.

- Hay que trabajar duro.
- Hay que hacer las cosas "deprisa y bien".
- No me conformaré con ser "uno más".
- Pasaré por encima de quien sea para triunfar.

4

La educación del ensayo - error

Bolso ha tenido una infancia "algo" diferente a Deleite. Sin la tutela o ayuda de padre o madre que te parió. Este animalillo, al ser originario y gestado en frío huevo, pues no tiene ese tipo de madre con cordón umbilical y todo eso. Ni siquiera el huevo fue "in cubado" o depositado en "incubadora" por madre o A.T.S. alguna.

Son largas horas de prácticas natatorias de caza / pesca. También mucho reposo y observación, como corresponde a un cocodrilo que se precie.

Hay que ganarse el sustento desde el primer día. Aunque estos animales no están predestinados (al menos no nos consta) a aquello del mandato bíblico "tendrás que ganarte el sustento con el sudor de tu frente".

A veces, la cosa de proporcionarse la cotidiana y necesaria ración de vitaminas y proteínas no es fácil, más de una vez, para alimentarse, tiene Bolso que recurrir a los restos de comida de otros paisanos de mayor envergadura y "poderío".

Los caracolillos y pequeños insectos de los que se provee para su diario sustento, a veces no se muestran fáciles de conseguir. "Uno puede ser un simple insecto, pero eso no quiere decir que sea tonto". - afirmaba con contundencia un espabilado "coleóptero" recién escapado de las mismísimas fauces de nuestro pequeño cocodrilo.

Sucedió que, a los trece días de nacer, *Bolso* se acercó a curiosear al observar que una sombra se movía sobre la superficie del agua. Iba poco a poco... ¿qué será, que será...? ¡Zas! ¡Ahivá! ¡qué garrotazo! Un palo (remo) había salido de aquella "cosa" y le había golpeado en toda la cabeza. Para una vez al año que pasaba aquel buscador de no se sabe qué tesoros... ¡También es casualidad!

Dos días estuvo *Bolso* con dolor de "coco". Lo de los analgésicos todavía no se ha introducido en el mundo "cocodrílico", (está claro que ahí no hay negocio) pero al tercer día, ni rastro. Pero, su diminuto y primitivo cerebro tomó nota, no debía ponerse debajo de ninguna sombra sin estar atento a los posibles movimientos de la misma, ya que a veces salían palos que hacían "pupa" al "coco"...

Y de esta manera *Bolso* iba estudiando, eso sí, todo a partir de la experiencia... sin escuela, sin universidad... claro. Perdón... ¡y sin Master!

Bien, mientras Deleite se prepara para la nueva vida, *Bolso* practica en el río. Sin prisa, un poco cada día.

La comida la consigue básicamente por la noche, eso también lo tiene muy claro. Durante el día duerme, toma el sol y se fija como se desenvuelven y actúan otros habitantes del río. La observación es una de sus habilidades. *Bolso* no es consciente, pero está aprendiendo a planificar su tiempo.

Él se deja guiar por los instintos, pero curiosamente, usando el sentido menos utilizado por los humanos, es decir, el "sentido común". Sí, ya sé, la mayoría de personas han oído e incluso hablado de él en alguna ocasión (me refiero, y reitero, al sentido común).

Bien, como decíamos, *Bolso* va incorporando alguna nueva experiencia, sobre todo tiene muy en cuenta las sombras en movimiento, no sea que...

Muy lento, muy lento, a este paso, nunca dejara de ser un cocodrilo. ¿Es que acaso se trata de ser otra cosa?

En todo caso, *Bolso* quería seguir en este mundo, y para ello, debía aprender algunas cosas, por ejemplo que:

- *La paciencia es una buena cualidad. Al final "rinde maestros"*
- *La Universidad de la vida, para los que no pueden pagar una costosa matrícula, es una buena opción.*
- *Tener la "sangre fría" como un reptil, a veces tiene sus ventajas.*
- *El estrés no es bueno para la salud.*

5

El primer trabajo – toda una experiencia

Son las siete de la mañana, esta noche Deleite no ha dormido bien, pocas horas, incomodo. Cenó demasiado, pero es igual, un profesional ¡es un profesional!

Nada de "blandenguerías", ¡caña al cuerpo! Con veintiséis años, se aguanta lo que te echen... ¡faltaría más! A esta edad lo que hay que hacer es trabajar, tiempo habrá para disfrutar...

- Vamos a ver Sr. Lovio, ¿qué tenemos hoy? - inquiere Deleite a su colaborador o, subordinado.

- Bueno, hoy estamos ¡a tope! ¡Menudo día nos espera!

- Eso está muy bien Lovio, hay que darle marcha al cuerpo. Por cierto, ese sistema que estáis utilizando para cerrar la estadística del Brenta, lo haremos con el sistema Dolce

- ¡Cómo!, ¿con el sistema Dolce? Lo siento, pero no funcionará, será una pérdida de tiempo. Mira, te explico y te muestro cómo va el asunto, y por qué no funcionará, mira, cuando el...

- ¡Eso funcionará porque lo digo yo! ¿Vale Lovio? - Deleite le interrumpe el intento de explicación, mientras una mirada punzante y fría atraviesa el esqueleto de Lovio.

- Pero es que... – lo intentó de nuevo Lovio.

35

- ¡Nada de ná! No olvides Lovio quien decide aquí.... ¿Vale?

- Vale, vale,... lo que tú digas...

Y Deleite cantaba para sus adentros. – Es que la gente es la pipa, vendrán a decirme a mí, cómo hay que hacer esa estadística...

¡Ay si Deleite hubiese escuchado a Lovio!

Luisen era el Director General y jefe de Deleite. El Dire estaba de muy mal humor, algo había fallado y era responsabilidad de Deleite.

- Lo siento Sr. Luisen, - se excusaba Deleite, - nadie me explicó las características del Brenta, si no, no se me habría ocurrido aplicar la estadística Dolce.

- Que raro, Lovio su colaborador, sabe muy bien que no podía funcionar...

- Sí es cierto, bueno... ¿sabe qué?, a partir de ahora, me ocuparé yo personalmente del tema estadístico, así seguro que no habrá problemas...

- ¿Está seguro Deleite? Eso conlleva un montón de faena extra... ¿no será mucha carga de trabajo?

- Si me ocupo yo, seguro que no habrá problemas, estas cuestiones complicadas, no se pueden delegar... ¡tranquilo!, no pasará más, yo me ocuparé...

"Trabaja, trabaja duro". Todavía resuena en la mente de Deleite el mensaje de su padre...

Deleite salió del despacho del Dire como un halcón peregrino en busca de su presa, - "Tener que aguantar una bronca... ¡yo! ¡Una bronca a mí!!! ¡Desde luego ese Lovio me va a escuchar!!! (Escuchar, que sabrá Deleite de usar ese verbo)

- Lovio, ¡a mi despacho! - grito Deleite.

- ¿Qué sucede Deleite? - preguntó con voz trémula Lovio.

- ¿Que qué pasa? ¡Encima me preguntas que qué pasa! Pues yo te lo diré: ¿por qué no me informaste "como Dios manda" (esto del "como Dios manda" es muy esclarecedor, todo el mundo lo entiende, bueno... Dios igual no lo tiene tan claro) Pues, - prosiguió Deleite, - sobre el tema del Brenta ¿o no lo recuerdas?

- Bu-e-no... – titubeó Lovio, - yo intenté explicártelo y tú no quisiste escucharme... ¿no lo recuerdas?

- ¿Qué yo no te quise escuchar?... ¿qué yo no te quise escuchar?.. pero que dices - grito Deleite, - ¡yo siempre escucho!! ¿O no? -

inquirió de forma más que violenta, - Lo que pasa, - continuó, - es que aquí lo que no haga yo, ya te puedes encomendar a Dios (estaba visto que hoy Dios si estaba presente en todo momento) A partir de ahora, ya me ocupo yo del tema... ¡ah! y ya puedes darme las gracias que si no es por mí el Dire te pone de patitas en la calle.

- ¿A mí? ¿por qué? - preguntó sorprendido Lovio.

- Que por qué... ¡ya sabe tú por qué, no me hagas que además te lo explique.

Lovio se encogió de hombros, movió la cabeza en sentido de negación, algo le temblaron las piernas, los riñones le oprimían su cintura.... vamos, más movida que en una sesión de aeróbic. - Bueno... ¿puedo marcharme?

- Vale... – respondió Deleite mientras hojeaba unos papeles. Sin levantar la vista animó a Lovio, - Venga Lovio ¡Alegra esa cara! parece que vienes de un funeral...

Lovio fruncía el ceño mientras salía el despacho, a la vez que pensaba

- ¡Tendrá desfachatez!, primero no me hace caso en el tema Brenta, mete él la pata, me echa la culpa a mí y encima le tengo que estar agradecido, y para rematar el "retintín" - "Lovio... alegra esa cara" Esta visto que para ser jefe, lo más importante es ser "gilipuertas"

Deleite, seguía cabeceando en su despacho mientras se decía para "sus adentros"

- Está visto que no te puedes fiar de nadie... lo que no haga uno mismo...

Deleite estaba súper ocupado, eso le producía estrés, pero le hacía sentir bien a la vez. Era el responsable de un área importante de la empresa y recibía por ello unos buenos ingresos. Ingresos que no le parecían suficientes teniendo en cuenta lo que suponía percibía su jefe. - Ese sí que cobra un buen "montón" y total..., para lo que hace, los "marrones" a ver quién se los come, ¿y quién le resuelve las papeletas difíciles...? el "menda lerenda" como de costumbre... además... no sé cómo ha llegado a ocupar ese puesto... ya se sabe, "el principio de Peter..." ¡Ondia! - recordó de pronto - mañana tenemos aquella reunión tan importante.... ¡y aún no he preparado nada!

Eran las once de la noche cuando Deleite llegó a su casa, sus padres ya estaban acostumbrados. La madre sufría - "No sé por qué tiene que trabajar tantas horas. Un día de estos enfermará, ya lo verás", se lamentaba.

Fede Musso, el padre, era más comprensivo, entendía que Deleite tenía un importante cargo en su empresa y lo normal era que tuviese que trabajar muchas horas diarias. - "Si una empresa tiene que funcionar bien, lo más importante es que los jefes den ejemplo y trabajen muchas horas. Si Deleite quiere labrarse un futuro tiene que esforzarse... y más ahora que es joven. Tiempo tendrá para divertirse, yo a su edad trabajaba en dos sitios y los fines de semana ayudaba a mi tío en el restaurante, anda que no he fregado platos... al menos nuestro hijo tiene un trabajo más digno... tiene que trabajar, pero yo estoy muy orgulloso de él."

La madre, seguía sin verlo claro ¡pobrecito mío!

La reunión tenía hora de comienzo a las diez de la mañana, Lovio el colaborador de Deleite estaba sentado en la sala, traía su block de apuntes, no sabía muy bien de que se trataba la reunión. Era norma de la empresa:

a) *las reuniones se organizaban de un día para otro. (en el mejor de los casos)*
b) *casi todos llegaban tarde.*
c) *casi nadie sabía de qué iba a tratar la reunión.*

Empezaron a llegar personajes a la sala de reunión. - Hola Lovio
- Hola Broncas, ¿tú también vienes a la reunión?
- Por supuesto, me lo acaban de comunicar ahora mismo, yo pensaba que ya estaban todos.
- ¿Que no sabes la norma de la casa en cuanto a reuniones?
- Sí, tarde, mal y con prisas.
Aparecieron dos colegas más. Cinco minutos más tarde apareció Deleite. Llegaba con "cara de velocidad". - Aún no ha llegado el Dire, ya pasan veinte minutos del tiempo... ¡vaya ejemplo!
Por fin llegó el Dire. - Bueno, necesito analizar los datos de productividad del trimestre pasado y dar un repaso a la nueva instalación de las oficinas de A Coruña. Venga Deleite, tú primero...
- Pero jefe, yo no sabía que íbamos a tratar esos temas, la última reunión quedó pendiente lo de las importaciones de Asia...

- Bueno - respondió el Dire, - pero este tema de Galicia hoy es prioritario, lo de Asia ya lo trataremos otro día...

El resto de asistentes se miraron con caras de estupefacción, nadie había traído la información necesaria...

- Bueno, - grito el Dire, - ¡en veinte minutos todos aquí con la información que os he pedido! - Todos salieron como balas disparadas por un enfebrecido y chispeante fusil.

La reunión duró más de dos horas, acaloradas discusiones, defensa de los personales puntos de vista. A veces hablaban cuatro a la vez. De ocho participantes seis incluido el Dire, eran fumadores y despedían humos como endiabladas locomotoras. Eso sí, aún en los más encarnizados enfrentamientos los fumadores eran solidarios entre ellos "A ver si traemos más repuestos" criticaba Deleite al jefe de informática mientras le ofrecía un nuevo cigarrillo antes de entrar en nuevos enfrentamientos.

- Bueno, yo tengo que marchar, - informó el Dire, - tengo una comida importante. Bien... ha quedado claro ¿no?

- Ha quedado claro ¿qué? - Preguntó el jefe de ventas, - aquí se ha hablado mucho pero que yo sepa no hemos acordado nada, que yo ya me sé lo que pasa después...

- ¿Qué pasa después? - preguntó de forma incisiva el Dire - ¿Es que lo tengo que repetir otra vez? Pues está claro, hay que despedir a Pobrete y potenciar el área de Galicia ¿o es que no os habéis enterado?

- Y del presupuesto para Galicia ¿qué hay? - preguntó en un acto de osadía, poco propio en él, el jefe de finanzas.

- ¡Ni un Euro más! ¿vale? ¡ni un Euro! - grito el Dire mientras terminaba de recoger sus papeles y se dirigía a la puerta. Con su mano agarrada al pomo de la puerta, el Dire, se paró, pareciera que le habían pasado de pronto todos sus "malos humos". Miró al grupo y espetó, - ¡Venga hombre! no os quedéis ahí embobados, vosotros sois unos tíos macanudos, ya sabéis, yo confío plenamente en vosotros ¡sois los mejores! Venga ¡a trabajar!! Chao.

Entre el silencio y el humo de la sala, el ambiente se podía cortar. Nadie se atrevía a hablar.

Deleite pensaba para sí, - ¡Si yo fuese el Dire! Es un incompetente "transgenico" (es que el Dire, llegó a la actual empresa procedente de otro sector del mercado. El agrario para más señas.)

Claro, no tiene ni la menor idea de este negocio. Y encima nos trata como a niños "¡sois los mejores!" Un capullo, eso es lo que es ¡un capullo!

La máquina de expender café estaba que echaba humo, estaba visto que era un día de muchos "humos". Deleite se tomó su café número seis. Alba Buendía, la responsable de Recursos Humanos, le recomendaba a Deleite que no tomase tanto café. - "Tanto café, y además con lo que fumas, un día enfermarás". Además ya sabes de la prohibición de fumar... tú deberías dar ejemplo... e ir a la sala de fumadores en vez de fumar en tu despacho...

- No digas tonterías Alba, si el Dire es el primero en saltarse la norma, además el café me da vida y el tabaco la concentración necesaria ¡es la mezcla ideal!

- Este Deleite es tonto, - pensaba Alba para sus adentros, - En fin... allá él... ya se lo encontrará algún día...

De pronto Deleite sintió unos enormes deseos de viajar. Bueno, él no lo "vio" de esta manera, él lo vio como una "necesidad". - ¡Lovio!, - gritó a su ayudante, - mañana salgo de viaje...

- Pero ¿dónde vas?

- Tengo que ir a Málaga, después pasaré por la Delegación de A Coruña y el jueves iré a Ginebra... aquí te dejo una nota, se la das a Cleopatra (era su secretaria y la de todo el departamento) para que se ocupe de los billetes de avión y de los hoteles...

- Pero Deleite, - insistió Lovio a modo de sutil protesta, - tenemos pendiente todo el tema de Asia y el tema informático esta sin resolver... ¿y cómo es que vas a Málaga y adema a Ginebra? ... no entiendo muy bien a santo de qué...

- ¡Ya está bien Lovio! Si voy es porque tengo que ir... ¿vale?

Lovio se encogió de hombros. - Todos son iguales... si yo fuese el jefe ¡otro gallo cantaría!

Era ya entrada la noche, Deleite subió a su automóvil, a pocos metros del suyo estaba el espacio reservado al coche del Dire, - "Vaya morro" - pensó - cochazo de la empresa, plaza de parking de veinte metros.. y después presume de humanismo y que aquí todos somos iguales... ¡mucho morro!"

La noche era apacible, ya había poco tráfico, Deleite tenía que desplazarse unos veinte kilómetros hasta su casa (de sus padres)

Una luna llena inundaba el estrellado cielo intentando quitar luminosidad a las estrellas. El recorrido hasta la vía principal era por una preciosa vereda junto a un relativamente cuidado bosquecillo. Algunas luciérnagas emitían cuál faros de tierra adentro sus fugaces destellos dando una inusitada alegría a la tranquila vida de aquella vereda. Deleite iba inmerso en sus pensamientos y en el humo de su cigarrillo. Ni luna, ni estrellas, ni luciérnaga, Deleite vivía en "otro mundo", era el "mundo de los ejecutivos triunfadores"

Mientras la madre sufría - ¿Otra vez de viaje hijo?

- Si madre, tengo que levantarme a las cinco de la mañana... ¿puedes ayudarme a preparar el equipaje?

- Si hijo, si, ¡faltaría más! Cuantos días vas a estar fuera? Yo te lo preparo todo.

- Mientras el padre se arrellana en su sillón. " Mañana le contaré a mis coleguillas, que mi hijo otra vez está de viaje... va a Ginebra, a Londres, Roma.. Bueno a Roma no sé si va, pero es igual...

El viaje un éxito, Deleite llega el lunes exultante a la oficina, con alguna "ojera", eso sí, pero es normal... - En Málaga, - explicaba junto a la máquina de café, - cogí un coche de alquiler y me fui a Badajoz, no lo tenía previsto, pero pensé, una vez que estoy fuera, aprovecho y ceno con nuestro delegado en Badajoz. Después de cenar me fui a Madrid, cogí un avión por la mañana, y A Coruña, allí estuve liado a tope todo el día, reuniones por aquí, reuniones por allá... en fin, qué os voy a contar. Menos mal que por la noche me llevaron a cenar a un restaurante muy especial...

- Vaya, - le espetó su colega jefe de informática, - con que de mariscada ¡eh!

- Que va, fuimos a Ferrol al restaurante *O`Escudo... ¿sabéis quien nació en aquella casa que ahora es el restaurante?

Todos se encogieron de hombros...

- ¡Don Gonzalo Torrente Ballester! El grandísimo escritor gallego...

- ¿El de Luces y sombras?, - preguntó Gertrudis la "secre" del Dire

- El mismo... El actual propietario Manuel (Manolo para los amigos), es un personaje muy inteligente y singular, una persona simpatiquísima, nos explicó vida y obra del famoso escritor gallego. Como veis, fue más bien una cena de trabajo, la cultura es importante ¿o no?...Ah, en ese restaurante sirven las que dicen ser la "mejores almejas del mundo".... ¡os lo recomiendo!

Y al día siguiente a Ginebra, bueno allí ¡a tope..! ¡Estoy hecho polvo! Pero nada, aquí de nuevo a dar la talla...
- ¡Venga pillín!, cuéntanos además de las almejas del Escudo, lo de las "noches locas" que os pegáis por ahí cuándo viajáis...¡incluidas las "otras" almejas!!, - preguntó con picardía insinuante Gertrudis, la "secre" del Dire

* El Restaurante O`Escudo está situado en el barrio de Serrante en la ciudad de Ferrol, muy cerca de la magnífica y espectacular ría de esa ciudad.

- Ni un "rosco", - afirmó tajante Deleite, - eso sí, cada día a dormir a las dos o las tres de la mañana, siempre hablando de trabajo, pero de lo "demás", nada de nada, sólo charlar, tomar una copa después de cenar y a la cama...
- Sí, si... eso es lo que dice también mi jefe... pero si yo largase por esta boquita..., - dijo en tono más que insinuante mientras pasaba sus dedos por sus labios.
- Venga, a trabajar, - inquirió Deleite al grupo de "tertulianos"
Ya camino de sus respectivos puestos, Lovio se atrevió aunque temeroso, a preguntar a Deleite - Y... resumiendo ¿qué has conseguido en el viaje?

- Cómo, ¿qué que he conseguido? Pues muchas cosas, hemos hablado de temas interesantes, como va todo por allí... cómo está la gente... ¡joer Lovio!! ¿Quieres que te lo cuente todo ahora mismo? Además a ti no tengo porque darte explicaciones ¿vale?

- Vale, vale... – comentó el atormentado Lovio, pero ello no fue óbice para que pensase. Estaba claro, los jefes mandan... pero sobre los pensamientos... - Se va una semana, no se sabe muy bien a qué, se gasta una "pasta", porque este no va de "menú del día" no. Buenos filetes, buen Rioja... hala... y aquí la faena atrasándose día tras día.. y después claro... no tengo tiempo....

Deleite se dejó caer en su sillón. La mesa parecía un campo de "bramante", ya no cogía más papeles. Había intentado organizarlos por temas, un montoncito para esto, un montoncito para lo otro, pero que va... a los cuatro días todo liado de nuevo. ¡Uf!, y ahora el correo electrónico, veamos... ¡hala! más de cincuenta e mails. Imposible... esto no hay quien lo aguante, además estoy rodeado de incompetentes... empezando por el Dire...

Sonaron dos golpecitos en la puerta, - Adelante.... – Era su buen amigo Luis Triunfin

- Buenas ¿se puede? Si no tienes tiempo, no te preocupes solo quería saludarte, ya quedamos otro día, ya sabes que no me gusta interrumpir. – Esta fue la entrada del amigo Triunfin.

- Nada Luis nada, adelante, eres el único amigo que me queda de la universidad, faltaría más...

- Te veo muy "empapelado" - le comentó Triunfin, a la vez que acariciaba sus apelotonados montones de papeles.

- ¿Qué? ¿Me vas a dar otra vez la vara con el tema de la Gestión del Tiempo?

- Deleite, yo no te hablo de la gestión del tiempo, yo siempre te hablé de la "gestión de tu vida". ¡Qué no es lo mismo!

- Tú, desde que fuiste a ese Seminario de Análisis Transaccional, o como se diga, con ese tal profesor J.J. es que no hay quien te aguante...

- Deleite, - dijo con calma Luis Triunfin, - sabes que yo te aprecio, y veo que estás destrozando tu vida.

- ¡Alto ahí! Tú ¿qué sabes de mi vida para hacer esa afirmación? Tengo un buen trabajo, gano dinero y tengo una buena proyección de futuro, porque yo no me conformo con este puesto, yo lo tengo claro, hasta que no sea Director General de una "grandísima" compañía no paro..¡eso lo puedes tener claro!

- De acuerdo Deleite, es tú vida, puedes seguir trabajando quince horas diarias, puedes trabajar los fines de semana, puedes fumarte dos cajetillas de tabaco cada día, tomarte doce cafés. Sigue sin hacer deporte ni relacionarte con amigos, porque según tú, no tienes tiempo. Es probable, piensa que eso lo piensan otros que aspiran a esa misma plaza.

Mira, es posible que algún día seas Director General de "algo" y en el supuesto que lo consigas ¿entonces qué? Yo te digo a qué te dedicarás: estarás ocupado en hacerte electrocardiogramas de tú estropeado corazón, ecografías de tu riñón que ya no funciona y de tu hígado que tiene una incipiente cirrosis, tu próstata estará hecha una piltrafa y ni las más altas dosis de Viagra conseguirán que tu olvidada función sexual se mantenga erguida. Entonces, también estarás ocupado ¡no lo dudes!!

- Eres un exagerado y un pesimista, la verdad es que no sé por qué te escucho. Anda vamos a tomar un cafetillo... que hoy te veo muy negativo...

- Gracias Deleite, hoy ya me he tomado mi ración de cafeína, me voy que quiero ir al gimnasio un "ratillo".

- Vale te acompaño, yo de paso me tomaré un café que hoy necesito mucha energía...

Ya de vuelta a su despacho, Deleite iba pensando - "Este Triunfin... ¡una hora al gimnasio!! Nunca llegará "arriba". Con su filosofía humanista, con su psicología Transaccional... ¡ ay!, ¡mano dura! Eso es lo que necesita la gente...

Una vez sentado en su sillón, contempló su mesa "¡Vaya desastre!", pensó, y todo por culpa del Dire que constantemente nos desmonta todos los planes... ya me tiene hasta los...

Estaba claro que el futuro de Deleite no estaba en aquella empresa. Estaba convencido que allí no podía desarrollar "sus talentos". - De que me sirven mis estudios y mis títulos si después te topas con incompetentes que te van limitando constantemente...

Los tres años en la organización habían permitido a Deleite hacer buenos contactos en el mundo empresarial, él dedicaba el tiempo que fuese a las relaciones públicas, eso sí, siempre dentro del ámbito empresarial.

Por la tarde tenían la reunión para tratar el tema de Asia, Deleite no había preparado nada, tampoco sabía muy bien que debía preparar.... llamó a Lovio

- Lovio, ¿tienes preparado el material para la reunión de esta tarde?

- A mí nadie me ha convocado a ninguna reunión...

¡Cómo que no! ¿No recuerdas que en la última reunión quedó pendiente el tema de Asia?

- Si, pero como a mí no se me informó que debía asistir...

- ¡Joer Lovio! tengo que estar en todo... prepara todo lo que tengas y me lo pasas, yo ya veré cómo lo organizo...

- Vale, ahora mismo, - Lovio iba mascullando, - menos mal que esto ya me lo temía y le he preparado información "por un tubo".

A la hora de la comida, Lovio entro en el despacho de Deleite, - Toma, aquí tienes el "slide". Toda la información que he podido recopilar: los datos de la Cámara de Comercio, los últimos datos económicos del sector en China, la balanza de pagos por sectores y países y los últimos informes de la OCDE, el FMI y el Banco Mundial. También te adjunto los últimos acuerdos en materia de comercio de España con todos los países del área. Te he preparado una presentación en Flash y he hecho copias para todos... ¿suficiente?

- Gracia Lovio, ¡qué haría yo sin ti!! - le salió así de espontáneo, pero la verdad es que no lo creía, ¡depender de Lovio!

La reunión, como de costumbre dio comienzo con veinte minutos de retraso.

- Bien, - comenzó el Dire, - hoy tenemos que tratar el tema de Asia, tenemos que decidir si invertimos en una fábrica, nos asociamos con algún chino, o lo que sea... ¿qué opináis?

- Bueno, - tomó la iniciativa Deleite sabedor de la inmensa y ordenada información de que disponía. Seguro que iba a impresionar al Dire, y de paso al resto de colegas que, por supuesto no tenían la misma preparación ni capacidad que él... Él sí que sabía utilizar términos modernos: *e-bussines, e-learning, benchmarking, trading, branding, coaching, mentoring, ingeniería de procesos, gestión de competencias, CRM, I+D+i, etc.* – Yo tengo datos muy interesantes sobre los últimos estudios económicos de China y países limítrofes...

- Por cierto Deleite, no he recibido el informe por escrito de tu viaje por ahí "alrededor del mundo". - le interrumpió el Dire a modo de reproche.

- Nunca te he hecho un informe por escrito de mis viajes...

- Claro, como tú siempre vas a tu aire y no das explicaciones de nada...

- Bueno, si te parece te informo después de la reunión...

- No, quiero un informe por escrito... ¡mañana!

Deleite se sentía "pillado", Hoy precisamente que pensaba ponerse una medalla (o más) - El informe se lo va a presentar... su tía... a este lo mando yo a la m... como me llamo Deleite.

El Dire, tomo la palabra, - Bien como veo que no me puedo fiar de ninguno de vosotros, he decidido hacer un viaje a China... estaré unos diez días y a la vuelta ya os informaré. He encargado unos completos informes a una consultora experta en relaciones comerciales con China. Han preparado un dossier de más de trescientas páginas a todo color. Estadísticas, gráficos, comparativas... en fin, todo muy completo... Me acompañarán dos consultores que conocen aquellos mercados... y una traductora... ¿vale?

Al margen de algún que otro "rechinar" de dientes y una gran movilización de jugos gástricos, solo se pudo apreciar forzadas sonrisas ¿amor? ¿odio? Todo un caudal de emociones facilitadas por un excitado "Sistema Límbico".

Deleite lo tenía claro, el Dire iba "a por él". Lo sabía y tenía que adelantarse a la jugada, a él no lo despedía nadie, ese no me conoce bien...

A la mañana siguiente el Dire llamo a Deleite a su despacho.

- No le voy a dar informe alguno de mi viaje, y si se pone borde, ¡lo planto!

- Pasa Deleite - invitó el Dire con gesto disciplente. - Veamos ese informe.

- No hay informe escrito.

- Te recuerdo que te pedí un informe es-cri-to. - remarcó el Dire

- Pues "va a ser que-no", - recalcó con cierto "pasotismo" Deleite.

- Pues ya sabes lo que te espera si piensas que vas a hacer lo que te venga en gana.

- ¿Qué me espera?

- Pues que aquí, mando yo, y si no haces lo que yo digo... pues ya puedes replantearte tu futuro en esta empresa... - La verdad es que le había salido "fino" al Director... "a buen entendedor"....

- ¿Me estas amenazando?

- Y si te amenazo ¿qué pasa?

- ¡A mí no me amenaza nadie!! – grito Deleite

- ¡Pues a mí no me grita nadie! - grito con más fuerza el Dire

- Tú lo que eres un prepotente, y un... ¡alabardero de tercera división!!

- ¿Un Alabardero yo? Y tú un incompetente y un creído y yo no quiero "personajillos" como tú en la empresa...

- Sabes lo que te digo, que ¡ahí te quedas! Ponte la empresa donde te quepa... y no me pidas que me quede para solucionarte todos los marrones... ¡me voy! Deleite se dio media vuelta y pensó, - "Qué se había creído ese cretino, lo he dejado plantado, ya veremos qué hace ahora sin mí, seguro que me pide que me quede...¡ya me lo veo venir!"

Deleite no había llegado a coger el pomo de la puerta cuando oyó la voz, esta vez dulce y suave del Dire, - Un momento, Deleite...

- ¿Si...? (¿Qué decía yo?)

- Toma, esto es para ti, - y le entregó un sobre de color "azulón"

- Vale... – Deleite tomó el sobre, abrió la puerta y nada más abandonar aquel "infesto" despacho, abrió el sobre - ¡¿Qué?!

No lo podía creer... su cara ya no podía registrar más colores era todo un muestrario Pantone, justo le vino para llegar a su despacho, el corazón le latía como los motores de un avión de hélices a punto de despegar, sentía un enorme calor en su cabeza, algo o alguien martilleaba dentro de su "coco". La adrenalina inundaba su torrente sanguíneo, los riñones le oprimían... ¡cabronazo! ¡Me ha entregado la carta de despido!

Deleite no sabía qué le había dolido más, si el haber perdido su trabajo, o el "triunfo" de su Dire. Aun recordaba la cara de satisfacción que vislumbró en su rostro cuando le entregaba el fatídico sobre azulón. Ahora entendía el por qué. Era la sonrisa del "saldo de deudas".

La venganza se había consumado y servido en "sobre azulón". (Una nueva versión del "plato frío")

Deleite había dado por concluida su estancia en la empresa. Pero él había tomado buena nota de su paso por aquella "cutre" organización.

- Hay muchos Directores que son unos incompetentes.
- Él había demostrado que era el mejor.
- Él seguía pensando que el esfuerzo es el elemento vital de las organizaciones.
- No iba a perdonar a quien se la "jugase".

6

La amistad en el río de la vida

Bolso se había encontrado en el río con un personaje curioso; la nutria *Kurtida*, era, por supuesto un animal más pequeño y, al menos aparentemente más débil que él, pero se había dado cuenta que era más ágil, y aunque en un momento dado podía sorprenderle y zampársela de un bocado, no optó por ejecutar esta acción.

Nunca sabremos el motivo de esta extraña decisión en un animal de estas características, porque como el cocodrilo no razona, ya que su cerebro es muy primitivo, y tiene muy poca masa cerebral, por lo cual, le resulta difícil realizar algunas funciones reservadas para otros animales llamados "superiores", o para la especie humana, que por su configuración y capacidad del cerebro, si tienen esa capacidad, al menos teóricamente.

Bolso pues, aprovechaba, a su manera, pero de forma óptima, las pocas posibilidades que su cerebro le permitía.

Lo cierto es que *Bolso*, se ganó la confianza de la nutria *Kurtida*, y cuando ésta iba de caza a los recovecos del río, *Bolso* se escondía pacientemente a la salida del correspondiente "escondrijo", y cuando la nutria se zambullía para atrapar sus presas, ubicadas en los lugares más complicados del río, y alguna de éstas escapaban al ataque de la nutria, allí estaba *Bolso*, en el lugar justo...parecía que no había nadie, pero...¡ñam! bocado que te va, y pieza al estómago.

Bolso había aprendido que no es más poderoso el que tiene más poder. (Y/ o, que "el poder no está en la fuerza")

La temperatura era agradable, el agua había bajado algo su nivel en el río, pero *Bolso* había encontrado y "adquirido" como residencia, un lugar muy interesante. Era una zona bajo unos sauces que estaban inclinados sobre un remanso del río. La sombra que proyectaban estos árboles sobre el agua era suficiente para que el implacable sol del mediodía no calentase en exceso el agua. *Bolso* era un cocodrilo muy especial, no le iban los extremos, por lo tanto, la temperatura del agua: normal, ni fría ni muy caliente, además en aquella zona había bastante profundidad por lo que si llegaba algo de suciedad, se depositaba en el fondo y *Bolso* podía "evolucionar" en aguas relativamente limpias (que dados los tiempos de "guarreria" generalizada que vive nuestro planeta, no estaba nada mal)

El minúsculo cerebro de *Bolso*, había detectado que si algún día se dedicaba a recorrer grandes distancias en el río y a "husmear" más de la cuenta por sus meandros, llegaba a su zona de descanso "hecho polvo" (algo difícil para llevarse a cabo dentro del agua, pero *Bolso* así se sentía)

En sus viajes por los recovecos del río, *Bolso* había sido testigo de fratricidas luchas entre algunos de los inquilinos del mismo. Dos bravos rinocerontes en singular batalla hasta la extenuación, ambos llenos de profundas heridas, incluso el que aparecía como vencedor. Eran, en verdad, el vivo reflejo del holocausto "rinocerontil".

¿Por qué ese singular y fiero combate?- se preguntaba a su manera *Bolso*, cuando se alejaba el rinoceronte "menos derrotado" (la verdad es que hablar de triunfador era una falta de respeto al sentido común) ¡Una pequeña carpa! Sí, sí, todo aquel combate ¡por una carpa de un kilo de peso! *Bolso* no lo veía muy claro... Sus treinta y tres neuronas (más o menos) trabajaban a toda máquina, y si no se quedaba "colgado" como en ocasiones algunos programas de Microsoft, seguro que acabaría sacando alguna conclusión... positiva... ¡ya está!! Conclusión:

"No vale la pena luchar por algo
que no vale la pena"

Para un cocodrilo, no es una mala reflexión. Treinta y tres neuronas... ¡pero bien aprovechadas ¿o no?

Bolso llegó a su "lugar de residencia" bajo los frondosos sauces, se quedó pensando en el "caso de los rinocerontes", revisó su decisión, (esto le llevó unas dos horas, su pequeño cerebro no le permitía ir más rápido, había empleado el tiempo necesario; ni más ni menos.) Cuando acabó sus "cavilaciones" (los cocodrilos también cavilan) ya había anochecido.

Bolso comenzó a levantar sus "cortinillas visuales", giró su telescopio ocular hacia arriba, se quedó extasiado, vio la gran luna, con un lento movimiento, escrutó parte del "techo de la noche". Todas aquellas luces... la quietud...

Su organismo funcionaba como un reloj (de precisión, claro) se sentía bien... Bajó su mirada a "ras de tierra" entre en césped que cubría la tierra hasta el mismo borde del agua, unas lucecillas serpenteaban en la noche, *Bolso* era la primera vez que las veía... avanzó con lentitud hasta la orilla, poco a poco fue saliendo del agua deslizándose por el suave y húmedo césped, a su alrededor... las luciérnagas... un bostezo de placer con sus grandes fauces abiertas fue el prólogo de un profundo sueño... miró por última vez el estrellado cielo... entornó sus pupilas, bajó suavemente sus cortinillas visuales y una mueca dejo entrever sus afilados dientes... parecía que sonreía....

Bolso era un cocodrilo curioso, lo decimos no por su imagen, sino por su comportamiento. Le gustaba observarlo todo, cada día recorría un nuevo tramo del río, siempre descubría algo nuevo "que" archivaba en su reducido cerebro. (Disco duro).

Un día, *Bolso* sintió la necesidad de ampliar sus horizontes, una zona de su reducido cerebro se mostraba más activa que de costumbre. Era como una llamada interna que le obligaba a ello. Después de un profundo sueño en el verde y húmedo césped a la orilla del río, se sumergió en las aún claras aguas del río y comenzó a "navegar" en dirección al mar.

Siempre había tenido la tendencia a recorrer el río en su parte alta nadando contra corriente, esta vez iba a favor, *Bolso* avanzaba sin esfuerzo dejándose llevar por la corriente. ¡Uy que bien! Había recorrido unos dos kilómetros, con el mínimo esfuerzo, ya se encontraba en lugares para él desconocidos. Una enorme serpiente se cruzó frente a él... "avanzaré un poco más" se dijo en su particular idioma.

Ya llevaba *Bolso* unos seis kilómetros recorridos, cuando de pronto notó que se le nublaba la vista, subió y bajos varias veces las cortinillas visuales de sus ojos, seguía viendo las cosas "turbias". De pronto se dio cuenta, por su lado derecho caían varios chorros de... un líquido...

Bolso el único líquido que conocía era el agua, pero nunca la había visto de aquel color. ¡Pero qué agua más rara! Se acercó con precaución a la zona y entró en contacto con aquel agua de color marrón/ rojizo, de pronto sintió unas severas punzadas en sus ojos, tuvo que bajar sus cortinillas a toda velocidad, dios ¡que dolor!!!!

Bolso hizo un nuevo descubrimiento, acababa de vivir en propia carne (en este caso ojos) uno de los productos resultantes de las fantásticas tecnologías de aquel otro animal (para él aún desconocido) cuya especie se denomina: humana.

Bolso no sabía por qué, pero se retiró rápidamente de aquella agua de color rojo.

Se escondió bajo unos matorrales que recordaba haber visto antes del incidente y espero un tiempo más que prudente antes de intentar abrir de nuevo sus cortinillas visuales... ¡ahhhh!!!! ¡Qué dolor!! *Bolso* se inquietó, sus treinta y tres neuronas no eran capaces de encontrar una explicación coherente a la situación. Solamente le aconsejaban esperar... y esperar...

Ya había anochecido, *Bolso* no había comido en todo el día. Allí estaba, semi oculto, entre los matorrales, con un intenso dolor en los ojos que se extendía a su plana y alargada cabeza.

Había amanecido en el río, y *Bolso* seguía con su dolor, y en esta ocasión se le añadió un nuevo problema, unos extraños ruidos, sonaban muy cerca de allí. El ruido de unas motosierras es muy dañinos para un cerebro atormentado por el dolor, (casi tanto dolor como para nuestro esquilmado planeta) ahora se le sumaba el miedo, más que nada, porque *Bolso* era consciente de su incapacidad, no solo para defenderse sino incluso para huir... Malos momentos, eran muy malos momentos.

Bolso prefirió esperar, cada vez que intentaba abrir sus cortinillas visuales miles de cuchillos asaeteaban sus ojos. Así paso todo el día: hambre, dolor y miedo... Al anochecer notó una mejoría en sus ojos, al intentar abrirlos ya no eran fustigados por aquellos inmisericordes cuchillos.... Uf... ¡menos mal!! *Bolso* se tranquilizó, su pequeño cerebro comenzó a funcionar, lo primero que hizo fue dibujar la imagen de su charca debajo de los sauces...

Aprovecharía la noche para ponerse en marcha. Lo tenía claro, volvería a su lugar de origen... y empezó a "navegar", en esta ocasión contracorriente. No sabía de donde salían sus fuerzas, pero Bolso avanzaba con rapidez...

El nuevo amanecer se acercaba al igual que *Bolso* se acercaba a su antiguo ¿hogar?

Ya estaba cerca, iba reconociendo el lugar... sus cansados ojos avistaron algo extraño en torno a su lugar de residencia... en los sauces había docenas de pájaros cantando, ruiseñores, papagayos. Una colonia de monos saltaban de rama en rama dando brincos de alegría, toda una colonia de carpas salió a su encuentro rodeándole sin temor, su amiga la nutria *Kurtida* daba saltos en el agua imitando a los delfines. Un montón de grillos e insectos de los más variados colores se esforzaban en componer una especie de melodía... una música muy especial... dos pájaros "limpia insectos" se posaron sobre su cabeza y comenzaros a picotearle limpiándole de suciedad su cuerpo, incluso las luciérnagas intentaban sin éxito, pero con entusiasmo, hacer ver sus destellos de luz a pleno día.

La nutria con un soberbio pez en su boca se acercó a *Bolso,* éste abrió con lentitud su extenuada boca y aceptó ingerir aquel regalo, que no solo agradeció su vacío estómago, sino también su maltrecho espíritu.

Bolso contempló aquel maravilloso espectáculo de bienvenida, y todo
¡para él! *Bolso* nunca había sido consciente de que tuviese tantos paisanos que le quisiesen de esta manera. Tantos amigos...

Sus cansadas y maltrechas cortinillas visuales se abrieron una y otra vez para comprobar lo que veía. Sí, si... era cierto... lo habían hecho por y para él... *Bolso* no pudo evitar que sus ojos se inundasen de unas gruesas lágrimas, ahora no era por efecto de la polución, eran causa de la emoción... eran ¡auténticas lágrimas de cocodrilo!

Ese había sido un fructífero viaje para *Bolso*. Su diminuto pero aprovechado cerebro, había anotado cuatro nuevos "aprendizajes":

- Antes de cambiar hay que pensar en las consecuencias.

- Si te portas bien tus colegas te quieren.
- Si te portas bien nadie te echará de dónde estás.
- Si te portas bien te lo acabaran agradeciendo.

Puede que el lector o lectora se sorprenda del recibimiento dispensado a Bolso. Para que no quede duda de su merecimiento, voy a explicar cuál era el comportamiento habitual de Bolso. Lo que en este caso significaba "portarse bien":

- No criticaba a nadie. Él no competía. Se conformaba como era. No se metía en la vida de los demás.
- Solo capturaba la comida que necesitaba para subsistir. Su ambición era la justa y necesaria.

- No abusaba ni hacia ostentación de la fuerza agrediendo o quitando comida a sus paisanos del río. No era un chulo ni un ladrón.

- Se limitaba a salvaguardar "su territorio", el justo para cubrir sus necesidades vitales.

Para enmarcarlo ¿o no?

7

Un nuevo trabajo

La decisión de Deleite, alegró a su padre - Bien hijo, tienes que aspirar a más, esa empresa te quedaba pequeña... y antes de marchar le dices "cuatro cosas" al incompetente de tú jefe, ¡ahí, duro con el!

La madre estaba preocupada. – ¿Y si ahora no encuentras otro trabajo? Con lo mal que están ahora las cosas... yo habría aguantado, tenías un buen trabajo... te pagaban bien... sí que es verdad que te explotaban bastante... pero eso pasa en todas las empresas...

Deleite puso en marcha todos sus contactos, en la Escuela de Alta Dirección donde había realizado el Master, había dejado algunos amigos... También llamó a su amigo Luis Triunfin. – Mira Luis, estoy harto del Dire, me voy de la empresa...

- Oye Deleite, ¿lo dices en serio?

- Sí por supuesto, ya me conoces, cuando tomo una decisión... yo cumplo siempre...

- Pues mira qué casualidad. Es que sé de una empresa "muy grande" que están buscando un sustituto a su Director General, igual te interesa el puesto.

Deleite, se había "deleitado" con dos aspectos de lo que le había comentado Triunfin "empresa muy grande" y "Director General". Estas cinco palabras le sonaban a música celestial - ¿Qué hay que hacer? - Preguntó con un elevado grado de ansiedad. Por todas las venas y arterias de su cuerpo ya no circulaba sangre, todo era pura adrenalina...

- Tranquilo hombre tranquilo... ¿no te interesa saber qué tipo de empresa es? o más bien, ¿qué empresa es...?

- Nada, nada ¡me interesa el puesto!

- Bien, ¿te acuerdas de nuestro amigo Celeste Rojo?

- Hombre si me acuerdo... ¿Qué es de su vida?

- Ahora es un "caza talentos", él se ocupa de conseguir cubrir ese puesto.

Deleite, no daba crédito a lo que oía. ¡Era su salvación y su catapulta al "estrellato directivo!" ¡Mi amigo Celeste!

- Bueno, pues llámale y dile que te he hablado de este tema, a partir de ahí, negociáis el asunto... espero que lleguéis a un acuerdo...

- ¡Gracias Luis!, le llamo ahora mismo...

Luis Triunfin, tras colgar el teléfono, se quedó pensativo... Sí, había hecho bien en decírselo a Deleite, a pesar de que hacía tiempo que ese puesto se lo habían ofrecido a él. Se lo había pensado y definitivamente había rechazado la oferta de Mobbingtronik. Lo tenía claro, la oferta era para dirigir una "empresa grande" y no una "gran empresa". Desde que su maestro en estas cosas, J.J. le explicó en qué consistía la diferencia entre estos dos conceptos, su orientación profesional se había clarificado total y definitivamente. En la mentada empresa, no estaban precisamente, por la labor de convertir la "empresa grande" en una "gran empresa". Su único objetivo era hacerla solamente más grande de tamaño, eso, "¡grande muy grande!", le había dicho el actual Consejero Delegado.

No, no era lo que Luis Triunfin deseaba, esa era una tarea "clavada" para Deleite, aunque terminó su pensamiento moviendo en signo negativo su cabeza... - "Deleite, todo un triunfador, pobre Deleite".

Deleite estaba en lo alto del organigrama. Empresa nueva, vida nueva. Quería olvidarse inmediatamente de su anterior empresa, - Eran todos unos "cazurros".

Siguió pensando... "Solo el Consejero Delegado por encima de mí en el organigrama, el resto ¡abajo! ¡Todos a mis órdenes!

- Ya lo sabes Deleite, este es tu sillón y esta es la empresa, tienes todo el poder. Si todo va bien y cumples los objetivos, no tendrás problemas, si no, ya lo sabes... ahí estaré yo con el hacha. - Era la voz ronca de Braulio Conejero el Consejero Delegado. Le había convocado a las siete de la mañana en el que era, elegante, amplio y confortable despacho de Deleite.

- Quiero ser franco contigo, - continuó el Consejero, - si no cumples... yo mismo cortaré tú cabeza. Si tienes dudas... me preguntas, pero no te pases, tú tienes que decidir. Tienes que arriesgar, pero sin poner en peligro la organización... ¿entiendes?

- Tienes ocho días para ponerte al corriente de las características de la organización, aquí tienes el *Manual de Funcionamiento del Director General*. Toma buena nota y no te saltes ni una coma, podría ser tú perdición...

Deleite empezaba a asustarse... - ¡No será para tanto! trata de probar mi moral... sí, es eso... – pensó para sus "adentros"

- Tranquilo Sr. Conejero (lo del apellido traía "cola" porque se le conocía "in-popularmente", por el Sr. "Consejero Delegado") en una semana lo tengo todo controlado, - dijo Deleite mientras cogía el "Manual del Director General" que le entregaba su, para el "teórico" jefe.

- Así me gusta Deleite, que lo tengas claro, ya lo sabes, y resumiendo toda mi charla, esto se traduce en que **"por en-ci ma de to-do"** en... ¡beneficios!, ¡beneficios! y ¡beneficios!... ¡no olvides esta palabra! Será tu salvación o tú muerte... ¡en sentido figurado claro!

El Consejero Delegado, cambió la estrategia, no se trataba de dejar a "su" Director General con una sensación de amenaza o el miedo metido en todos los bolsillos de su serio y elegante traje de "raya diplomática".

- Bien Deleite, yo confío en ti. Celeste Rojo, el Consultor Head Hunter, nos ha dado unas referencias inmejorables. Está usted sobradamente preparado y le veo con ganas de trabajar, eso está bien, aquí hay mucho por hacer, confío plenamente en usted...

- Gracias Sr. Conejero, no le defraudaré... ¡beneficios!

Braulio Conejero, hizo la señal de aprobación con su pulgar erecto y sin mediar palabra, se fue a la puerta y desapareció, sin más...

Deleite se dejó caer en el "sillón del Director General". "su" sillón. Acarició el apoyabrazos de brillante madera de cerezo, observó la disposición de mobiliario y pensó, - "No está mal, ¡nada mal!" Estaba claro que el Consejero Delegado había preparado con exquisitez la sala de "¿tortura?", de "¿triunfos?".

Unos enérgicos golpes en la puerta lo apearon de su inicial viaje por un sueño de triunfo y "poderío". Desde allí, desde las alturas que da el poder, uno se siente casi perfecto. "Si me han escogido a mí... ¡por algo será!" Ese era un pensamiento, que el tiempo se ocuparía de demostrar que las cosas no siempre son así.... – ¡Adelante! - autorizó con voz de Director General "con mando en plaza" Deleite.

- Hola, buenos días, soy Judas Bueno... tal como se le informa en el Manual del Director General, (Deleite no había tenido siquiera tiempo para abrirlo) soy el responsable de ponerle al día de todo lo relacionado con su trabajo.

Aunque mi figura no consta en el "organigrama oficial", mi puesto depende directamente del Presidente de la compañía, ello quiere decir que todos los informes que remita al Consejero Delegado deberá derivarme una copia a mi.

Yo le informaré de las cuestiones de índole general y a la vez le iré presentando a las personas con quien deberá trabajar estrechamente dentro de la organización, es decir, su equipo de colaboradores.

Judas Bueno había soltado todo el discurso de carrerilla, no se había "molestado" en utilizar la más mínima frase de "deshielo".

- Bien, encantado señor Bueno (lo de Judas le daba "repelús". De momento este personaje le sonaba a "poder fáctico") yo...
Judas Bueno le interrumpió.

- Durante quince días, no se puede usted comprometer con nada ni con nadie, yo le marcaré la agenda. Usted deberá ir tomando nota de todo, ya que a partir de ese momento deberá andar solo... ¿me ha comprendido?

- Sí, si.... ¿cuándo me entregará el "plan quincenal" para ir organizándome?
- El plan quincenal, como usted lo llama, lo tengo yo, ya le iré informando sobre la marcha de dónde o cuándo tenemos que hacer cada cosa... ¡ah! tenga siempre su maleta a punto, es probable que algún día salgamos de viaje... ¿me ha entendido?

- Sí, si por supuesto...

- ¡Ah!... y para que pueda empezar sin demasiado estrés tiene el resto del día para ir conociendo el funcionamiento del edificio... la Srta. Marina Magdalena le entregará el Manual de las Buenas Costumbres de la Compañía. Si tiene alguna duda o necesidad, ella se la resolverá... ¿me ha entendido?

- Sí, si entendido...

- Bien, le espero mañana a las siete en la cafetería.... hasta mañana... - se dirigió sin más a la puerta, ya con la puerta entreabierta, se volvió hacia Deleite y tras un extraño y sorprendente silencio, (pues el tal Judas Bueno, se había dedicado a hablar sin solución de continuidad durante todo el tiempo) levantó la mano en señal de amistoso saludo y con una aparente cordial sonrisa, habló con solemne paternalismo - Bienvenido a la "casa", le deseo suerte... - y se "esfumó".

Deleite tenía la garganta cual manojo de esparto en año de lluvia escasa. Quiso decir algo pero no pudo, la realidad es que tampoco tenía nada que decir... sentía una pesada losa sobre sus espaldas.

Si al menos estuviese Lovio, con él podía desahogarme... Pero este Judas... ¡que se ha creído!.. Yo soy el Dire. y él... ¿qué? Bueno... parecía la mano derechas del Presi, eso se suponía que era mucho... Seguramente será el "poder fáctico" de todas las empresas grandes... El Presi residía entre Londres y Nueva York.

- "¡Uf! Esto puede que no sea tan bonito como parece..."

Pero rápidamente intentó deshacerse de los trémulos pensamientos que estaban a punto de invadirle.

Pero... ¡Qué caray!! Él era un "ejecutivo *Yuppie*". Joven, treinta años eran treinta años. Esta edad ya le reportaba cierta experiencia y sobradamente preparado como estaba...

Mientras encendía un cigarrillo, seguía pensando en la demoledora presentación de Braulio Conejero: "Seguro que han exagerado. Son tácticas para que esté siempre alerta. Si eso, una táctica. Bien, bien, eso me gusta. Debe ser una prueba para ver si me "desmorono". Quieren comprobar mi "fuerza mental" ¡Claro! ¡Mi fuerza mental! Bien, no saben quién es Deleite... ¡se van a enterar! Esfuerzo, inteligencia... ¡se van a enterar"!.

La adrenalina salía a borbotones de sus suprarrenales, su riñón estaba a tope y su hígado desbordado. Era la situación estresante del guerreo antes de la batalla. Porque Deleite se estaba preparando para una guerra. Una guerra donde él era el General en Jefe, y eso era lo importante.

Estaba claro y había tomado nota:

- Esto es la guerra.
- Yo soy el que manda.
- Aquí no te puedes fiar de nadie.
- Caiga quien caiga, lo importante es ganar.
  (dinero)

Deleite se arregló su corbata de seda natural, ajustándola al cuello de su camisa azul cielo. Se pasó la mano por sus abrillantados cabellos e inició su primera salida del despacho como Director General.

Nadie había oído los "mensajes" de Braulio Conejero y Judas Bueno.

Él era ahora la "figura", y la imagen era muy importante. Ensayó una amplia sonrisa y salió... su primer objetivo: Marina Magdalena.

8

La iniciativa y el cambio

Era un día lluvioso, a *Bolso* también le agradaban los días lluviosos. Dejó que su cuerpo flotase casi totalmente en la superficie del agua del río. La lluvia acariciaba y masajeaba la superficie de su negro azabache, y escamoso "lomo".

Estaba totalmente relajado, pero sus treinta y tres neuronas seguían funcionando. En lo más profundo de su diminuto cerebro se gestaban unas muy primarias sensaciones. A través de este simple sistema emocional, Bolso podía sentir esos placenteros envíos que le proporcionaba la lluvia sobre su lomo.

Pero en ese profundo y primitivo "rincón de las sensaciones", también le incitaba o le excitaba moviendo ciertos instintos. Instintos que iban desde la intuición para preservarse de enemigos más poderosos, hasta deseos de relación sexual con una hembra pasando por cotidianas decisiones que le llevaban a relacionarse de una determinada manera con todo su "paisanaje".

Posiblemente, *Bolso* no era un cocodrilo "estándar". A veces la evolución natural, aunque lenta, toma forma un día determinado en un animal determinado que a diferencia del resto de su especie, incorpora una actitud nueva o un comportamiento no habitual en sus congéneres.

Bolso "sentía" una fuerza interior que le "invitaba" a descubrir nuevos lugares, nuevos mundos dentro de aquel río.

Pero *Bolso* tenía bien grabada la experiencia de su última aventura y sus consecuencias. Ahora debía hacerlo de forma diferente. Debería pensarlo bien...

Le llevó un tiempo, seguramente meses, pero *Bolso* descubrió como debía iniciar su próxima aventura...

En el río había "paisanos" experimentados, eran los que de tanto en tanto realizaban aventuras como la que él había realizado, pero que estos paisanos y colegas volvían sin ningún problema... ¡eso es! Iría en compañía de la nutria. Eran amigos, eran cómplices en la cazapesca y en muchos juegos. *Bolso* también la cuidaba y protegía con su presencia. La nutria era rápida e inteligente... ¡decidido! Era la compañía ideal.

Bolso inició su estrategia. Se dedicó durante unos días a compartir espacio y juegos con la nutria, cuando esta se alejaba de "su territorio", *Bolso* la seguía. La nutria pareció entender la idea de *Bolso*.

La mañana apareció tranquila, la nutria saltaba en torno a *Bolso*. La comunicación era perfecta. *Bolso* subió y bajó varias veces sus cortinillas visuales, dio tres fuertes coletazos en el agua... era la señal de despedida, en esta ocasión era un hasta pronto. Los sauces se llenaron de los habituales bulliciosos cantores y saltarines pajarillos, los monos grises saltaban de árbol en árbol siguiendo el cauce de río en dirección a la desembocadura. *Bolso* enderezó su potente cola y con unos pausados pero firmes movimientos comenzó a deslizarse río abajo.

Sin prisa pero sin pausa habían recorrido una buena distancia. Se habían detenido a descansar en una zona donde el río se ampliaba y las aguas eran muy poco profundas, la nutria rodeó unos cuantos peces que había en un pequeño "remansillo", éstos se asustaron y salieron veloces... justo por donde estaba *Bolso* agazapado, sus grandes fauces se abrieron con rapidez y un suculento pez de extraña anatomía, se convirtió en poco tiempo en una buena ración de combustible proteínico que iría a reforzar la energía de nuestro protagonista. La nutria no se conformó con menos, y aunque necesitó más tiempo también dio buena cuenta de su ración alimenticia.

El cerebro de *Bolso* se alteró de súbito, ¿qué estaba pasando? No había duda se estaban acercando a la zona donde *Bolso* tuvo el "percance"... Su intuición le avisaba del peligro de las aguas rojas. La nutria también se había percatado de algo anómalo en el agua, pero había comprobado que acercándose a la orilla izquierda el agua estaba más clara y el contenido de aquel líquido rojo que se desprendía de varias pequeñas cascadas discurría por la orilla derecha.

Si hubiesen seguido la corriente de aquel contaminante líquido habrían llegado hasta unos grandes barracones en aquella selva del Kemasdá. Lo de fábrica habría sido una catalogación excesiva, aunque bien es cierto que allí en plena selva, se "trataban" unas sofisticadas piezas mediante unos corrosivos líquidos. Estas piezas eran embaladas en unas bonitas cajas con la marca comercial "Benefitronik" cuyo contenido era un componente que se integraba en los más modernos equipos electrónicos del momento, era ¡alta tecnología! Lo de "alta contaminación", es posible que nunca se supiese. *Bolso* y la nutria no sabían de qué se trataba, pero sabían que "aquello" era malo. Muy malo...

Habían avanzado unos tres kilómetros, durante ese recorrido vieron varios peces flotando panza arriba sobre el agua. En ningún momento osaron zampárselos, sus pequeños cerebros intuían que "aquello" no era normal, más bien no era "natural" Una corriente de "mal rollo" atravesó los haces nerviosos de nuestros dos amigos desde el cerebro hasta la mismísima punta de sus respectivos rabos. Aquello era un signo de muerte, ellos estaban por los signos de vida. Pasaron unos dos kilómetros y dejaron de contemplar aquel lúgubre espectáculo. ¡Ufffff!

El agua parecía detenerse por momentos, algo estaba pasando en el río, la nutria con su gran velocidad natatoria, se adelantó unos centenares de metros y volvió junto a *Bolso,* le invitó a seguir, de pronto unos remolinos les avisaron de la nueva configuración del río, acababan de desembocar en otro río. *Bolso* levantó su cabeza y fue "fotografiando" el territorio. Acababan de entrar en un nuevo río.

No era un río mucho más grande que el "suyo", pero las aguas que bajaban por éste, eran más puras y cristalinas, no cabía la menor duda de que el hombre no le "había metido mano", todavía...

El resultado de los dos ríos fructificaba pues en este "nuevo" río, el río Akitoy. Seguramente su nuevo hogar.

Bolso "sintió" que aquel, era un río "diferente". La vegetación de sus orillas no era la misma, no pudo vislumbrar sauce alguno, el trinar de los pájaros tampoco componían las mismas melodías... pero se veía un río con vida...

Sin duda no era un río" muy grande", pero si era un "gran río"

Bolso y la nutria pasaron dos días "merodeando" por la zona, lo hicieron de forma discreta tanto dentro como fuera del agua. "Cazapescaron" lo justo para su subsistencia y lo hicieron como siempre, en colaboración y sin aspavientos... todo con suavidad... "despaciosamente"...

Habían encontrado un lugar "ideal para residir", pero ya estaba ocupado por unos inquilinos muy peculiares y sorprendentes. Se trataba de una colonia de topos de agua y una familia de anguilas que vivían en fraternal y sorprendente armonía. No era caso de destruir aquel ejemplar modelo de convivencia.

Bolso merodeó por la zona, hubiese podido "conquistar" fácilmente el territorio, (sin paga y señal ni hipoteca ni nada) De hecho, sus habitantes estuvieron temerosos de que el cocodrilo decidiese instalarse allí, sabían que nada podían hacer, las fuerzas eran muy desiguales.

La colonia de topos y la familia de anguilas respiraron aliviadas (y agradecidas) cuando comprobaron que el cocodrilo se alejaba y buscaba otro lugar no muy lejano para pasar la primera noche.

Bolso se sintió agitado en su nuevo dormitorio, elevó a la mitad sus cortinillas visuales y pudo ver, algo borrosa, eso sí, a la nutria pegada a su hocico, esta se subió sobre su lomo y con unas fuertes sacudidas liberó el agua de entre su espesa cabellera a la vez que despertaba un poco más a nuestro durmiente cocodrilo.

Había dormido como nunca ¡toda la noche! Este era, sin duda, un buen lugar...

"¡Venga perezoso, que ya es hora!" Parecía decirle la nutria con unos ligeros golpes en la nuca. Bolso abrió por dos veces sus grandes fauces a modo de despejador bostezo y comenzó a desperezar su cuerpo con lentos, muy lentos movimientos...

Kurtida tenía prisa, quería enseñarle "algo" a *Bolso*, este que lo intuyó se puso en marcha tras ella. Comenzaron a remontar el nuevo río pero al llegar a la confluencia con "su" antiguo río, la nutria no desvió y siguió remontando la corriente del río Akitoy. "Esta nutria tiene ganas de aventura", debió pensar *Bolso*.

Remontaron unos tres kilómetros y entonces el cocodrilo comprendió lo que pretendía mostrarle su amiga. Era una zona ideal como hábitat para una nutria, aguas limpias y totalmente encauzadas por unos pequeños taludes de tierra y matorrales que llegaban hasta la misma corriente. Muchos grupos de peces revoloteaban por las cristalinas aguas. Un lugar ideal para cazapesca y para esconderse.

Bolso estaba seguro que ese era el nuevo hogar de la nutria. Ascendieron unos quinientos metros más arriba y el río seguía con las mismas características.

Pasaron la noche en una pequeña ensenada, una diminuta playa. *Bolso* se "aposentó" en una zona con escasos diez centímetros de agua, su cuerpo se posó sobre el suave fango y quedó dormido hasta la mañana siguiente.

Fue la nutria, de nuevo, quien le despertó y en esta ocasión también le invitó a que la siguiera, *Bolso* intuía que solamente le acompañaría unos metros más abajo, pero quedo sorprendido cuando vio que al llegar al lugar donde se unían los dos ríos, encaraba la corriente cuesta arriba y se dirigía hacia el lugar donde habían residido hasta entonces.

Bolso no tenía intención de cambiar de residencia sin antes despedirse de sus paisanos de casi toda su vida. Habían sido buenos tiempos y en su pequeño "disco duro" estaban grabados muchos de los buenos momentos vividos. Estaba seguro que la nutria pensaba como él. Una leve mueca a modo de sonrisa se dibujó en las fauces de Bolso dejando al descubierto una desordenada y escasa dentadura que emitió un claro destello al contacto con el sol.

Cruzaron con precaución la zona de rojizas aguas y ya sin tregua llegaron a la puesta de sol a su "casa".

Todos los paisanos estaban intranquilos, creían que "estos ya no volverán". El jolgorial recibimiento se oyó por todo el cauce del río y aquella noche las luciérnagas brillaron más que nunca.

Aquella noche *Bolso* no durmió como de costumbre, eso lo notaron los animalillos del bosque. No era normal ver dormir al cocodrilo moviéndose constantemente ¡Aquí pasa algo raro! La información corrió por el bosque. Cuando *Bolso* despertó vio a todos sus paisanos pendientes de él. "Estos ya lo saben", debió pensar.

La nutria estaba sentada recostada en el tronco de un viejo árbol caído al borde del agua. Estaba intranquila, pendiente de la reacción de *Bolso*.

Toda la zona estaba en silencio. Los pájaros estaban en las ramas más bajas para poder ver al cocodrilo. Las luciérnagas habían cambiado su "chip" y estaban expectantes encima del tronco en que se apoyaba la nutria. Los monos grises estaban muy cerca de Bolso intentando que los más pequeños estuviesen quietos para mantener el sepulcral silencio.

Bolso abría y abría más sus cortinillas visuales en un gran esfuerzo para no cerrar los ojos y así evitarse el triste espectáculo. Se mascaba la tristeza de una despedida poco deseada. *Bolso* se acercó con paso lento al tronco donde estaban las luciérnagas, abrió su boca junto a ellas y permitió que estas se introdujesen en sus fauces. En un último gesto de generosidad las luciérnagas dieron su máxima potencia a su generador de luz creando un verdadero espectáculo de artificio que inoculó una gran energía en el cuerpo de *Bolso.*

Las luciérnagas habían quedado extenuadas y ya reposaban de nuevo en el verdoso césped. Fue el momento de los pájaros, sus habituales masajistas se posaron sobre su lomo obsequiándole con un relajante picoteo que le hacía estremecer de placer. Muchos más pájaros se unieron al tratamiento corporal. Le practicaron una limpieza total de cutis. Lo monos le masajeaban su poderosa cola y los más jóvenes jugaban con la dentadura sorprendiéndose del tamaño de sus colmillos.

Bolso estaba rodeado de todos los suyos, la nutria le saco del trance antes de que volviese a derramar cataratas de lágrimas o lo que es peor se arrepintiese de su decisión.

Bolso se introdujo suavemente en el agua volvió su cabeza e hizo un extraño gesto

Todos comprendieron que *Bolso* algún día volvería, aunque solo fuese de "visita". Esto les reconfortó y todos entonaron sus alegres cantos y alaridos habituales.

Bolso se deslizaba corriente abajo. Dejaba algo querido, pero también se llevaba mucho. Entre otras cosas había aprendido:

- El valor de la amistad
- A ser agradecido.
- A no olvidar a los amigos.
- A no dejarse cegar por la ambición.

Navegaba hacia un nuevo lugar, un lugar donde estaba seguro encontraría nuevos amigos. Su "mochila", además, no estaba vacía...

9

Cumbres borrascosas

- Hola Marina, buenos días, soy Deleite Musso, el nuevo Director General

    - Buenos días Sr. Musso. Si, ya le recuerdo de haberle visto por aquí. El Sr. Conejero me ha puesto al corriente de su incorporación. Estoy a su disposición.

    - Muy bien Marina. En primer lugar puedes llamarme Deleite. Yo no soy como esos Directores "carcas" que se hacen llamar "Señor o "Don Fulano". Puedes informar al personal que usen mi nombre de pila. Pero que no se fíen; que me tuteen no quiere decir que no tenga autoridad. Tú también debes tomar nota, no creáis que porque soy joven no tengo experiencia. Recuérdalo Marina: tengo experiencia suficiente y sobrada preparación... no lo olvides...

Marina tomo nota y añadió al consejo algo de su cosecha: "Creído e impertinente".

    Eran las siete treinta en punto cuando Deleite entraba en la cafetería/ comedor de la empresa. Judas Bueno estaba ante una taza de café conversando con el camarero. – Buenos días Deleite, tome asiento, ¿qué quiere tomar?

Solo de ver a Judas Bueno, a Deleite se le habían pasado las ganas de ingerir líquido ni sólido alguno. - Bueno un café me irá bien... ("aunque una tila...") pensó)

Fueron unos días terribles. Judas Bueno le fue presentando uno a uno a todos los directivos y jefes de la compañía. Aprovechó para reunir al equipo (más bien grupo) de directivos, diez en total y explicarles la situación de la empresa. Cada uno de ellos aprovechó para informar de la marcha de sus respectivas áreas.

- Como podéis apreciar, la marcha de la compañía no es muy boyante, nuestra competencia nos ha dado un palo en los últimos meses, por esa razón tuvimos que prescindir del antiguo Director General. El consejo de administración está advertido por un importante grupo de accionistas que si no se cambia la tendencia de esta división de productos retiraran sus inversiones... y ya sabéis lo que eso significa ¿Está claro?

Todos asintieron... sin demasiado entusiasmo. (por supuesto)

Este es el lema, concluyó el "enviado del Presidente", que como ya se intuye, era muy "adicto" a las consignas estrictas: ¡Mas producción, más calidad, más deprisa y más barato! (Nota del autor: Eran las cuatro PM del principio del fin) Y terminó con su estilo característico:

- "Y el que no se vea capaz de conseguirlo ya lo sabe, que se levante y ¡en la calle falta gente! Señores eso es todo. Sr. Deleite, ahí los tiene, todos suyos... - Se levantó y se fue.

Habían sido para Deleite unos días infernales soportando al tal Judas. B. También conocido por JB, al parecer la marca de una "excelente" (para algunos) bebida espiritosa.

A partir de ahora él era el "amo y señor" de la situación. Miró al grupo, se levantó de su sillón y se dirigió con solemnidad....- Señores ahora soy yo quien marca las pautas en esta empresa. ¿Alguna cuestión urgente?

Floro Rosales era el Director de Recursos Humanos, levantó la mano.

- Dime Floro - le animó Deleite

- Es que tenemos un contencioso en una de nuestras plantas de producción. - ¿De qué planta y de que contencioso se trata? - pregunto al más puro estilo "Yuppie" Deleite.

- Ejem... se trata de la planta, o fábrica de Kemasdá...

- ¿Qué pasa en esa planta o fábrica?

- Un grupo ecologista nos ha denunciado por explotación de personas y contaminación de la selva.

- Jajajajaa - Deleite se echó a reír... - ¡Contaminación de la selva! Pero que selva ni que ocho cuartos... lo último que me faltaba por oír. Además, por lo que he podido comprobar con la información recibida estos días, nuestras fábricas no emiten humos durante su producción ¿O no estoy en lo cierto?

- Bueno, - contestó en esta ocasión Pedro Durometal, - no se trata de humo, se trata de contaminación "acuosa"... vertidos de metales pesados al río Vengayá.

- ¿Al río Vengayá? ¿Dónde está ese río?

- En la selva Kemasdá, - respondió Floro.

- ¿Pero la fábrica de Kemasdá está en la selva? - preguntó sorprendido Deleite.

- Si mira... Floro desenrolló una lámina y mostró una gran fotografía. Era la vista aérea un espacio "robado" a la selva donde se habían instalado una serie de barracones.

- ¿Qué es eso? - preguntó Deleite

- La planta de Kemasdá... – respondió de forma trascendente Floro

- ¡Anda ya! Eso es un imponente "cuchitril". Ahí no se pueden fabricar "Mentokrics" electrónicos de última generación...

Se hizo un profundo silencio... Deleite sentía que se empequeñecía su figura... –"¡Qué pardillo!" - pensaron todos...

- Bueno de esto hablamos mañana. Estos ecologistas se van a enterar ¿vale? ¿Alguna cosa más?

Por hoy no había estado mal... nada mal... Deleite había recibido alguna que otra lección ¿habría tomado nota?

- ¿Otra vez de viaje?, - se quejaba de nuevo la señora Buena Esperanza madre de Deleite. – Pero si últimamente no te vemos... cuando estás por aquí, llegas tarde a casa y sin ganas de hablar... y si no ¡hala de viaje! Esta vida no puede ser buena... yo no lo veo claro.

- Tú siempre "tan positiva", - intervino Fede Musso padre de Deleite, - déjalo, él sabe lo que hace, además es lo normal, los Directores Generales son los que tiene que dar ejemplo. Que no todos son como Deleite... fíjate con poco más de treinta años y donde está...

- Sí en los huesos... y tanto fumar... eso no puede ser bueno... en estos dos años en esta nueva empresa ha envejecido al menos diez años. Fíjate... si ya tiene un montón de canas...

- Bueno madre, en este viaje me voy a la selva...

- ¿Cómo que a la selva? ¿He oído bien?

- Sí tenemos una fábrica allí y voy a resolver unos problemillas... ya te traeré un pájaro de esos de colores... ¿vale?

El señor Fede estaba que no cabía en su cuerpo. ¡Nada menos que a la selva!

La planta de Kemasdá era un verdadero establo. Barracones diseminados en un área de medio kilómetro cuadrado. Pero bajo aquellos establos más que aparentemente destartalados, se realizaba una operación muy importante en la fabricación de unas piezas de alta tecnología.

Las piezas llegaban semi facturadas, es decir a falta de dos procesos para su terminación final, Eran transportadas mediante unos pequeños aviones de carga que aterrizaban en una pista forestal de tierra en plena selva y eran posteriormente llevadas en destartalados camiones hasta "la planta". Allí se realizaban dos operaciones, una de las cuales consistía en un tratamiento con una serie de productos químicos líquidos cuyos "sobrantes" eran difícilmente reciclables, por lo que se optó en su día por la instalación de esta planta en la selva de Kemasdá.

Las autoridades de la zona habían claudicado a las razones del Mr. Dólar y dieron todas las facilidades a la empresa, además, y no era cuestión baladí, la mano de obra de los doscientos nativos, suponía un coste despreciable, casi tanto como la consideración que se les tenía en cuanto a condiciones laborales. La seguridad e higiene brillaban por su ausencia. El trabajo era sencillo, trasportar las piezas y depositarlas en la "cadena".

El cuadro de mando de la planta se componía de un director dos ingenieros y diez encargados, a estos había que sumar cincuenta "miembros de seguridad", que aportaba el gobierno regional, previo pago, por supuesto, y el resto "machacas" con jornada de catorce horas diarias con un día de fiesta a la semana.

Los trabajadores eran recogidos en varios poblados de la selva y en una pequeña población de unos dos mil habitantes que era la más importante de la zona. Los técnicos y encargados, muy bien pagados, trabajaban tres meses seguidos en aquel infernal destino y después tenían otros tres de vacaciones. Había que cuidar al personal, claro... Como puede apreciarse, "todo muy moderno". Logística de primer nivel, política de recursos humanos...

Deleite llegó a la pequeña ciudad capital de la selva de Kemasdá. Unos relativamente uniformados guardias los acompañaron a la sede del gobierno de la zona.

- Tenemos un problema muy grave señor Director... – comenzó diciendo aquel pequeño Virrey de la ínsula "superbarataria" de Kemasdá... – conocido por el nombre de Koca Alnás - la gente se rebela...alguien les ha metido en la cabeza a los trabajadores no sé qué cuentos raros de la planta y amenazan con rebelarse...

- Bueno, pero ustedes tienen un perfecto control sobre la zona... tiene un pequeño ejército para controlar cualquier... "desvarío" ¿o no?

- Claro que sí señor Director, pero no es lo mismo controlar a una masa tranquila que a una airada...

- ¿Qué quiere decir? Ustedes tienen la fuerza.

- Sí pero la fuerza no se consigue gratis... ¿me sigue señor Director?

- Si le sigo...

- Mire señor Director, se lo voy a poner muy fácil. O cambia esos barracones por unas instalaciones "decentes" y les paga más a los obreros, o aumenta su cuota al gobierno regional para mantener a raya a los exaltados trabajadores...usted decide...

Deleite no estaba por la labor de aumentar los gastos, pero estaba en un callejón sin salida. Solo tenía dos opciones: más gasto, o más gastos...

– ¿Qué coste supondría cada una de las alternativas? - la cosa era fácil, se trataba de escoger la opción más económica

- La opción de modernizar la planta y el aumento de sueldos, hemos calculado una inversión de cuatro millones. Conseguir la seguridad y tranquilidad en la planta actual: Dos millones. Usted decide.

- Pero si ahora estamos pagando al gobierno de la región un millón... ¡es doblar el gasto!

- Es lo que hay... "convencer" a los trabajadores de la planta, no será cosa fácil. Es muy probable que tengamos que emplear la fuerza... eso resulta caro, muy caro... y la vida ha subido mucho...

todo está más caro.. Usted debería saberlo... Bien señor Director, espero su respuesta mañana por la mañana. – El pequeño Virrey se levantó y alargó su mano en señal de despedida.

Deleite estaba atrapado. A la mañana siguiente irían a visitar la planta.

A las nueve de la mañana después de una hora de viaje por aquellos intransitables caminos Deleite y Floro Rosales director de Recursos Humanos que le acompañaba en el viaje, llegaron a la planta de producción.

- ¡Dios mío! - exclamó Floro, - es un gueto en toda regla... ¡qué vergüenza!

Deleite no daba crédito a lo que veía, Como puede ser que a esto le llamen una "planta de producción".

Floro se acercó a Deleite y le susurró con firmeza: - Esto es indigno, es pura explotación. Yo veo claro lo que hay que hacer; hay que reconstruir esta "maquila" y pagar dignamente a esta gente...

Deleite estaba de acuerdo, pero su "megafonía interna", sonó en su cerebro. Era la voz del Consejero Delegado que retumbaba en su cerebro: "¡beneficios! ¡beneficios!"

Deleite suspiro profundamente, cogió a Floro por el brazo y le inquirió

- ¡Salgamos de aquí!

En el avión de regreso, Deleite estaba muy serio, Floro no le dirigía la palabra. – Floro, tienes que acostumbrarte, dirigir una empresa a veces conlleva tomar decisiones de este estilo...

- No Deleite no... Yo estoy avergonzado y no voy a ser cómplice de esta vergüenza... explotación, contaminación, corrupción... lo siento pero yo no "estoy por la labor".

- Bueno Floro, pues ya sabes... o estás en la "onda" o no estás... tú verás.

- El viaje había sido pesado, suerte a unas "hojitas" que les entregaron una especie de guardaespaldas que les habían acompañado durante su estancia en la ínsula de Kemasdá. Deleite se animó bastante una vez que había masticado aquellas "hierbillas". Tanto se animó, que se cambió de asiento a otro justo al lado en el que viajaba una joven muy atractiva... y sola. Deleite nunca se había fijado en una mujer "como tal", para él siempre habían sido unas trabajadoras más...

Diana que así se llamaba la chica, era una joven de veintisiete años. Era bióloga y había viajado a la zona para colaborar en unos estudios sobre los cocodrilos y sus comportamientos ante la presencia del hombre.

- Muy interesante, es una profesión apasionante... - le decía Deleite, con una extraña en él amabilidad.

Pero a Deleite lo que le había interesado era el apellido de la joven "Bontinez", y no eran precisamente fabricantes de calzado, eran una familia de ¡banqueros! Lo cierto es que Deleite se había sentido atraído por ella. A Diana, tampoco le desagradó Deleite, joven, educado, culto, bien parecido, con un brillante porvenir...

El viaje resultó muy ameno. Al llegar a la terminal se habían intercambiado sus números de teléfonos y quedaron en llamarse y "quedar" un día.

Parecía el "principio de una gran amistad".

Había pasado una semana desde el viaje a la planta de la selva de Kemasdá. Marina Magdalena, pidió permiso para entrar en el despacho de Deleite.

– Adelante.

- Hola Deleite, estoy recogiendo fondos para el regalo de Floro... ya solo quedas tú, venga "suelta la mosca".

- ¿Has recogido mucho dinero?, - Preguntó Deleite en un intento de medir los afectos que acumulaba Floro entre el personal. Todos sabían que en el viaje a la selva "algo" había sucedido, desde entonces, Floro no era el mismo. Deleite sabía que Floro era una persona muy apreciada y admirada. A Deleite no le gustaba esa admiración por Floro... ¿envidia?

- Pues sí, casi cinco mil euros. Pero eso no es lo más importante...

- ¿Qué es lo más importante?

- Había la intención de hacer un paro general en la empresa para pedir que Floro se quedase.

- ¿Y qué ha pasado? Yo no me he enterado de nada.

- Floro lo ha evitado, ha hablado con todo el personal y les ha pedido que no lo hiciesen. Él quiere una despedida sin ruidos en plan humilde, como él siempre fue... dando ejemplo

Deleite sintió que su estómago se alteraba, estaba claro que el mensaje de humildad iba dirigido a él. - Bueno, ¿y qué? Floro se va al paro y yo sigo como Director General, al fin y al cabo eso es lo que cuenta ¿O no?

- Bien Marina, ahí van cien euros...

Marina los cogió con energía intentando disimular el desprecio que sentía en ese momento por Deleite "Tacaño, miserable" - pensó.

Deleite resolvió el problema de Kemasdá. Y unos cuantos más que se fueron presentando a lo largo del tiempo.

Cuando celebraba (lo de celebrar es un decir), en la soledad, el tercer año como Director General. Movió la cabeza en signo de aprobación y pensó: "No está mal Deleite, no está mal"

En ese tiempo Deleite había aprendido algunas cosas:

- El que no está conmigo está contra mí.
- Aquí no hay amigos.
- El débil no tiene cabida en "nuestro" mundo.
- Una mujer en la vida de un hombre, puede ser útil.
- Con dinero "todo" se puede conseguir.

10

REMANSOS DE PAZ EN EL NUEVO RÍO

Cruzaron con rapidez y sigilo las infectas aguas de la planta de Kemasdá, llegaron a la desembocadura de su río, para entrar en el Nuevo río.

La nutria *Kurtida*, se arrimó al cuerpo de *Bolso*, este pasó su gran cabezota por el lomo de la nutria. Era el momento de separarse pero no estaban tristes, iban a "residir" en zonas cercanas y se iban a ver bastante a menudo.

Bolso se deslizó con sigilo por el nuevo territorio. Todo estaba en silencio. Había expectación. Todos lo animales del río y sus aledaños estaban pendientes de sus movimientos. Era la segunda vez que lo veían en pocos días. ¿Sería una estancia corta como la última vez? ¿O se quedaría por más tiempo?

Bolso seguía moviéndose perezoso de un lado a otro del río. Llegó a la pequeña playa donde había dormido durante su anterior estancia. Se aposentó en el suave fango y permaneció un buen rato. Descansaba y cavilaba. Sí, seguro que aquel iba a ser, al menos de momento, su nuevo hogar. Allí, aparentemente no molestaba a nadie. No había invadido el territorio de ningún otro animal de la zona. Eso era sagrado.

Como bien sabemos, muchas especies animales suelen marcar sus territorios con señales muy personales: orina, excrementos, mordisqueando árboles o arbustos, etc. Parecía que aquel era un territorio libre.

Libre, algo que *Bolso* llevaba grabado en sus genes. Vivir en libertad significaba que los demás también fuesen libres.

Tanto tiempo de reflexión, permitió que el sol finalmente desapareciese entre los árboles de bosque.

La noche fue de un sepulcral silencio. Un poderoso animal pernoctaba en el territorio de Akitoy. Aun no lo sabían los animales del bosque, pero aquel iba a ser durante algún tiempo su nuevo y "peculiar" vecino.

Bolso levantó con lentitud sus cortinillas visuales. Había dormido como un "troncodrilo". Llegó cansado y necesitaba el descanso.

Ahora era su estómago quien reclamaba la atención. De forma refleja, abrió sus grandes y poderosas fauces, era la señal inequívoca del apetito atrasado. Movió lentamente su cuerpo para otear todo su entorno. Él no los vio, pero decenas de animalillos retrocedieron o se amagaron entre hierbas o arbustos cuando *Bolso* hizo un gesto de avanzar "tierra adentro". Finalmente se encaró hacia el agua y con lentos movimientos se adentró en el río. Una especie de suspiro se oyó en el bosque y los más atrevidos, o los más necesitados (el instinto tira) iniciaron algunos tímidos "cánticos". ¿Se irá para siempre?

A pesar de que su estómago tenía algo de prisa, pues ya llevaba mucho tiempo falto de actividad y algunas partes del organismo ya empezaban a reclamar alguna que otra proteína, el cerebro de Bolso seguía "controlando". Movimientos lentos, atención a los ruidos y movimientos extraños... No le apetecía cazar tan cerca de su nuevo hogar. Se encaró en contra de la corriente y "navegó"hasta la desembocadura de su anterior río, avanzó unos doscientos metros muy pegado a la orilla. Sus terminaciones nerviosas captaron unos movimientos en el agua, alguna de las vibraciones le eran conocidas, esperó... apareció el pez ¡zas! ¡Atrapado!

La nutria *Kurtida* saltó de alegría a su alrededor. Estaba segura que *Bolso* le haría aquella visita y que también necesitaría de su ayuda. No le veía capaz de cazar en su territorio antes de conocer a sus paisanos, podía equivocarse de presa...

Pasaron casi todo el día cazando, siempre peces "ancianos" o "enfermizos", era la "selección natural" llevada a la practica con sentido común, algo extraño en los animales (aunque por mi experiencia más extraño en los humanos)

Durante un tiempo, retozaron jugueteando en la orilla y a media tarde, se despidieron con su habitual ritual...

Bolso se deslizó con suavidad dejándose llevar por la corriente. No tenía prisa. Había sido un buen día. Se había alimentado bien. Había compartido el tiempo con su mejor amiga... ¡qué más podía pedir!

De nuevo llegó a su territorio. El jolgorio volvió a reducirse pero ya no era aquel silencio sepulcral del día anterior. Algunos pajarillos se atrevían a observar con un cierto descaro los movimientos de *Bolso*. En el "rincón de los topos y las anguilas", estas dos familias, estuvieron expectantes pero no temerosos cuando *Bolso* pasó junto a ellos. *Bolso* no se detuvo, ni siquiera les miró, esto les tranquilizo enormemente.

En el código de los animales este era un mensaje de "¡no temáis!".

Habían pasado algunas semanas, *Bolso* se paseaba con tranquilidad por la zona. El bosque del río Akitoy, había recuperado la actividad "normal", *Bolso* ya era aceptado como inquilino habitual del río.

Durante este tiempo, tuvo la delicadeza de realizar sus actividades de caza / pesca alejado del lugar. Algunos paisanos, creían que no comía, pues nunca le vieron zamparse "colega" alguno.

También realizaba alguna visita a su amiga la nutria, con quien pasaban buenos momentos, proveyéndose comida y retozando en la orilla.

Era un claro día que había despertado con alguna bruma ya desaparecida. *Bolso* estaba desperezándose a base de grandes y pausados bostezos cuando de golpe todo el bosque se agitó, unos enormes ruidos informaban que alguien, como si un tropel de elefantes en furiosa estampida se dirigiesen al río, de pronto ¡chaaafff!!! ¡ cataplalalssls!!!!!!

Con la escasa velocidad que le caracterizaba en aquellas circunstancias, *Bolso* dio media vuelta y se dirigió al centro del río para observar que era aquel gran escándalo. El agua del río estaba agitada y revuelta, alguien se revolcaba en el centro de la corriente, finalmente el "barullo" remitió y *Bolso* pudo observar de que se trataba; ¡dos colegas! ¡Eran dos cocodrilos! ¡Yupi!

Bolso se acercó a ellos una vez que se hubieron calmado. Eran una hembra llamada *Falda* y un macho de nombre *Kemalo*. Ambos dos, habían huido de la sequía interior. Igual que le había sucedido a él tiempo atrás.

Bolso se acercó y los dos cocodrilos le saludaron a su manera, aunque algo sorprendidos, pues parece que no esperaban encontrar allí un colega...

Los nuevos inquilinos habían llegado extenuados y deshidratados. Un tiempo en el agua les devolvió parte de la energía perdida durante la "diáspora".

Bolso acompañó a sus nuevos visitantes a su pequeña playa para que descansasen.

A las pocas horas los estómagos de los nuevos inquilinos empezaron a detectar la falta de materia para distribuir al resto del organismo. *Kemalo* el cocodrilo macho, dio un fuerte berrido y se fue hacia el río, *Bolso* salió tras él pues ya se imaginaba lo que iba a pasar... no llegó a tiempo, un feroz y veloz ataque al recodo de los topos y las anguilas le proporcionaron su primer alimento, de nada sirvió el intento de *Bolso* por evitarlo. *Bolso* volvió rápidamente a su playa... ¡menos mal! la cocodrila hembra, aún estaba allí, no tenía fuerzas para ir de caza.

Bolso se volvió con rapidez encaró el río a favor de la corriente... casi una hora después regresaba a su playa... un enorme pez era trasportado entre sus potentes fauces. El cocodrilo macho quiso quitárselo, *Bolso* con una violencia inimaginable en él, le propinó un sonoro coletazo desplazándolo hacia la orilla, llegó al lado de la cocodrila *Falda* y dejó caer el enorme y envejecido pez... la "cocodrila" con una mirada de aprobación y agradecimiento, y con gran esfuerzo, todo hay que decirlo, comenzó a dar buena cuenta del "pescado".

La noche había transcurrido tranquila. Los cocodrilos habían dormido "largos y tendidos" en el fango de la pequeña playa. *Bolso* estaba despierto pero seguía inmóvil.

El "coco" *Kemalo* estaba inquieto, tenía hambre. Vio un pajarillo a corta distancia y sin más ¡zas! Menos mal que el pajarillo estaba bien despierto y ello le sirvió para solo perder algunas plumas entre las fauces el cocodrilo *Kemalo*. *Bolso* rugió de rabia ¡pero que se ha creído este!

Finalmente el "trío cocodrilo" se puso en marcha. Bolso pensaba llevarlos al territorio de la nutria *Kurtida*, allí podían cazar con poco esfuerzo y de forma controlada.

Cuando pasaban frente al recodo de los topos y las anguilas, *Bolso* se puso al lado del "coco" *Kemalo* para cerrarle el paso en el supuesto que intentase un nuevo ataque a sus paisanos.

La intuición de *Bolso* no le permitía fiarse del cocodrilo *Kemalo*.

Justo en el otro lado del río, habitaba desde hacía unos sesenta años, la ahora "vieja" y entrañable cacatúa *Rosaura,* resultado de un "romántico cruce" entre una simpática y "liberal" lorita *Eclectus Roratus* y un enorme Guacamayo Rojo (*Ara Chloropterus*). Un ejemplo más de multiculturalidad en el río y, sin duda la más vistosa y admirada del lugar.

Nuestra cacatúa *Rosaura* se había despistado por un momento, había perdido el equilibrio y caído al río, estaba aleteando en el agua intentando llegar a la orilla. De pronto el cocodrilo *Kemalo* encaró su hocico hacia la vieja y vistosa cacatúa, abrió sus enormes fauces... la cacatúa lo miro con terror, toda su vida (en versión coloreada, eso sí), pasó en décimas de segundo ante sus ojos... ¡era el fin!, pero justo cuando el "coco malo" se disponía a atraparla entre sus afilados cuatro dientes, un enorme rugido inundó las selva de Akitoy, *Bolso* saltaba veloz como una gacela. Jamás animal alguno de la selva, había visto volar un cocodrilo hasta ese momento... era *Bolso*, que lleno de rabia y coraje caía con su poderoso cuerpo negro azabache con motas de verde selva, sobre el asesino cocodrilo.

La vieja y coloreada cacatúa *Rosaura,* había cerrado los ojos despidiéndose de este "peculiar" mundo, cuando los abrió, creyó estar en el "Paraíso de las Cacatúas", pero no, éste era el río de siempre...

Mientras, el cocodrilo *Kemalo* había arremetido de forma agresiva contra *Bolso*... todos los animales del bosque estaban observando la escena en una tensión propia de una épica final de un torneo a muerte.

Bolso rugió una y otra vez, su oponente se resistía con enormes coletazos y alaridos, pero *Bolso* implacable le clavo sus afilados y gruesos colmillos una y otra vez, la sangre teñía de rojo las azules agua. De pronto, los dos cocodrilos desaparecieron bajo el agua, estaban sin duda dirimiendo la "cuestión" en la profundidad del río. No se oía ni un aleteo, ni un respiro, ni un movimiento... las aguas se calmaron... uno de los dos contendientes aparecería de un momento a otro, éste sería sin duda el vencedor, poco a poco una masa negra... verdosa ¿? fue subiendo a la superficie del agua del río... era... ¡*Bolso*! Unos segundos más tarde apareció el cocodrilo *Kemalo*, estaba semi destrozado, apenas podía moverse. *Bolso* lo empujó corriente abajo y éste comenzó a deslizarse... *Bolso* lo observó hasta que lo perdió de vista ¡agur! Seguro que este ya no volverá más por aquí...

El bosque se transformó en una "gincama". Los pájaros saltaban y cantaban, la vieja y coloreada cacatúa *Rosaura* acababa de sacudirse las últimas gotas de agua de su vistoso plumaje, las anguilas y topos del recodo respiraban y saltaban alborozados.

La cocodrila *Falda* se acercó a *Bolso*, rozó su cuerpo con el suyo, estuvieron así durante unos minutos. *Bolso* acababa de encontrar una nueva amistad y una nueva amiga. La cocodrila *Falda* y *Bolso* se miraron de reojo, fue una mirada de complicidad.

La veterana cacatúa estaba observándoles desde la copa de un frondoso árbol en la orilla del río. Movía *Rosaura* con gestos afirmativos su coloreada cabeza, y emitía unos dulces sonidos. Una música que sin duda eran verdaderas señales de agradecimiento dirigidos a *Bolso*. Los siguió con una mirada lánguida y fraternal, sin duda, nunca olvidaría aquel día y nunca olvidaría a *Bolso* y su gesto.

Con el tiempo la amistad entre *Bolso* y la cacatúa se acentuó. *Rosaura* se posaba en el cogote de *Bolso* y este la transportaba por el río. Como si de misiones de observación se tratase. Con el tiempo también confraternizó con *Falda* intercalando los viajes conjuntos por todos los vericuetos del río.

Unos días más tarde y ya recuperada de su agotamiento, *Falda* acompañaba a *Bolso*, "navegaban" con suavidad hacia la parte alta del río. Bolso quería presentar a su nueva amiga a la nutria *Kurtida*. Aquello, era más que un presagio, era el principio de una gran amistad.

Era sin duda, un nuevo tiempo en el río de Akitoy, y *Bolso* una vez más había aprendido algo:

- Los extraños sólo son amigos a los que no conocía.
- Se puede hacer amigos en cualquier lugar.
- Siempre hay que ayudar al más débil.
- Es más libre quien ayuda a otros a ser libres.
- La vida es más bella si se comparte con una hembra.

11

LA DUREZA Y LA DULZURA DE LA VIDA

- ¡Hay madre!... tú siempre dándome la paliza, no empieces con el run run de que ya tengo más de treinta años, que sí tal que si cuál...

- No hijo, ya sabes que yo lo que quiero es que estés aquí en casa, con tú padre y con tú madre... ¿con quién vas a estar mejor?

- Lo que pasa es que tú lo quieres todo... que no me vaya de casa... pero que me case... eso es lo que pasa... y eso no es posible... deja que los acontecimientos sigan su curso...

- Bueno... ¿pero esa amiga qué?

- Sí... es una buena amiga... muy buena... y hoy voy a cenar a casa de su familia ¿satisfecha?

- Tienes una novia y no habías dicho nada... desde luego hijo... ¡que desconsideración con tus padres!

En estas apareció Fede el padre.

- ¿Pero que pasa aquí? ¿A qué viene tanto escándalo?

- La madre estaba "histérica"

- Mira... ahí tienes a tú hijo (cuando los hijos se portan mal siempre son del "otro")

- Sí ya lo veo...

- Pues que tiene novia y no había dicho nada... y además, ya cena en casa de sus futuros suegros ¡hay que ver! - la madre estaba más que sollozando - ¡Cría hijos para esto!

- No le hagas caso padre, solo es una buena amiga, salimos juntos y todo eso.

- Bueno hijo, la chica ¿es de buena familia?

- Si claro... son muy buena gente.

- Pero, - continuó el padre, - buena gente, así a secas...

- ¿Qué quieres decir?

- Pues que a qué se dedica esta gente. Si tienen patrimonio o si no tienen donde caerse muertos... y todo eso.

- Sí padre... si tienen donde caerse muertos... son una buena familia... y económicamente están muy bien... son... "potentes"...

Deleite no había querido desvelar el apellido de su chica como él solía decir (cuando no estaba en presencia de ésta, claro) ya que su padre estaba algo débil del corazón después de los tres bypas, (y seguía fumando a escondidas) no fuese a sufrir algún colapso por la emoción.

- No lo olvides hijo: *¡Al matrimonio, por el patrimonio!*

Deleite fue dando información a "pequeñas diócesis" a su familia sobre el origen y situación económico / social de su ya novia. - ¡Nada menos que los Bontinez!   Ahora sí que ya no tenía rival entre los "amígueles".

La madre no lo tenía tan claro:

- Hijo, son de otra clase social. Nosotros somos una familia humilde...

Deleite iba compaginando con extraña habilidad y esfuerzo, la ingente tarea de la empresa y su relación con Diana. Ello le suponía un gran esfuerzo, sobre todo, en algunas ocasiones donde debía disimular ante Diana las situaciones estresantes que le reportaban los continuos conflictos a los que se tenía que enfrentar.

Ya habían transcurrido tres años desde que el Consejero Delegado le había "impartido" las claras consignas sobre sus objetivos en la Organización.

No había sido fácil, pero los señores Conejero y Bueno, habían recibido las copias de los informes donde siempre... ¡siempre! se habían ido incrementando los beneficios. Los accionistas inversores, estaban satisfechos de los resultados.

El cómo de los "éxitos" de Deleite, nadie los había experimentado en "carnes propias" como él. En la soledad de su despacho Deleite repasaba algunos de aquellos complicados momentos, a saber:

- El viaje a Kemasdá y su relación con los corruptos gobernantes que cada año exigían más "plata".

- La marcha de Floro que minó su prestigio.

- El ajuste de plantilla de la planta "madre". Trescientos obreros a la calle.

- Huelgas, amenazas, incluso llegaron a rociarle el coche con pintura.

- Un boicot interno. Tres de sus ejecutivos estuvieron a punto de "hacerse con el poder".

- Dos fuertes multas por contaminación.

- Dos juicios por accidentes fruto de la falta de seguridad en su fábrica.

- Algunas amenazas anónimas..

- Había tenido que prescindir de María Magdalena su secretaría pero ¡a quien se le ocurre, quedarse embarazada. Lo sintió pero tuvo que despedirla. Indemnización y a la calle... ¡ella se lo ha buscado!

Deleite ya se había acostumbrado a este tipo de vida. Muchas noches tenía que tomarse un Transilium.10 para relajarse y poder conciliar el sueño. El estómago también lo tenía algo "tocado", acidez, mucha acidez, bueno, pero para eso están las pastillas ¿no?

Ahora Deleite se sentía fuerte en su puesto. Además había conseguido dos cosas importantes: a) Sacar tiempo para compartir con Diana y b) Cambiar de humor cuando estaba con ella. La verdad es que se transformaba. Con Diana era un hombre atento, caballeroso... ¡hasta parecía humano!

De su equipo inicial de directivos ya no le quedaba ni uno solo, los más rebeldes habían sido presionados a base de los más ingeniosos "mobbings" hasta que fueron dimitiendo uno a uno. Los más veteranos fueron "prejubilados". - "Sangre nueva" - decía Deleite. Ahora tenía un equipo a su "imagen y semejanza". Jóvenes, bien preparados, sumisos con su jefe y duros con sus subordinados. - Así... ahora sí...

La boda había sido por todo lo alto. Diana no estaba por la labor. Le hubiese gustado una boda más "normal". Familiares, unos cuantos amigos... y pare usted de contar. Pero sus padres eran de "rancio abolengo". Un banquero es un banquero... allí estaban todos, dos mil invitados. Obispos varios y un cardenal oficiaron la ceremonia. Después las "enhorasbuenas". Ministros, marqueses, condeses, alguna duquesa, actores y actrices, solo las famosas, eso sí. En fin, lo más "granaito" de país. Y para colofón la bendición Papal que leyó el ilustrísimo Cardenal. ¡Esto para postre!

La prensa del corazón y programas "culturales" de la TV se hicieron eco de la noticia, la hija "díscola" de los Bontinez, la que se pasaba la vida viviendo en la selva se había casado con un apuesto pero desconocido galán...

Diana estaba cansada. Entre la boda y el apretado "viaje de luna". Deleite tenía que incorporarse a la faena. El Consejero Delegado, ya le había dejado el mensaje con suficiente antelación: "Espero que disfrutes de los "ocho días" de viaje de novios.

Durante el viaje habían surgido las primeras desavenencias (¡temprano empezamos!). Deleite intentaba convencer a Diana de que su papá le promocionase a una de sus "macro empresas". Diana se había negado. "No le voy a pedir nada a mi familia, ni para mí ni para ti, ni ahora ni nunca"

A Deleite no le había sentado nada bien la rotundidad con la que se había expresado Diana, pero estaba convencido que más pronto o más tarde... ¡no sabe con quién se ha casado!

Deleite seguía dirigiendo con mano dura la empresa. Todos le temían y muy pocos le admiraban, si acaso su capacidad de trabajo, su esfuerzo, era evidente y algo que nadie le negaba, pero claro... eso no era todo.

El estilo de ¿liderazgo? de Deleite, se mostraba entre la fácil sonrisa y las más sutiles amenazas. Era un controlador nato. Todo tenía que pasar por "sus manos". Convocaba reuniones por sorpresa, delegaba de forma confusa y siempre de palabra.

Cuadros de Mando, Evaluación del Desempeño, todos los manuales de funcionamiento realizados por una importante consultora, estaban redactados bajo su criterio, le había llevado tiempo elaborarlos.

Deleite se jactaba del nivel de formación técnica de sus empleados. Su empresa dedicaba "mucho dinero a ello"

- Hola Deleite.
- Hola Triunfin, ¿qué te trae por aquí?
- Tenía una hora "loca", me he acordado de ti y por eso he llamado a tu secretaría para ver si tenías unos minutejos y tomábamos un café.
- ¡Jo Triunfin!, No sé cómo te las arreglas para tener "horas locas". Yo no tengo tiempo para nada..
- Y ni para avisarme que te casabas...
- ¡Ondia! perdona, no sé cómo se me pudo pasar... lo siento de verdad...
- No pasa nada Deleite, te entiendo... tú siempre tan ocupado... viajes reuniones, problemas... más problemas... pero estas bien ¿no?
- Sí, sí, todo marcha perfecto ¡todo controlado!
- Bueno Deleite ¿hace ese café?
- Venga, que no se diga, vamos a la cafetería. Ahora estoy sin secretaría, tengo una interina... la verdad es que no sé cómo te la apañas tú para mantener las secretarías tanto tiempo. Es que la que no se queda embarazada, tiene la regla cada quince días.
. ¡No te pases Deleite!
- Bueno... lo que yo te diga Triunfin, lo que yo te diga..

Una vez sentados en la mesa de la cafetería y dado buena cuenta del aromático café, hablaron de los viejos tiempos. Deleite, sin saber por qué se sentía bien con su "amigo". - Bueno Deleite, es un placer estar contigo pero tengo que irme...
- ¿No iras al gimnasio?
- Pues sí, he quedado con una amiga y vamos a "hacer unas piscinas". pero antes quiero entregarte esto - Triunfin saco de su bolsa un paquetito envuelto en "papel de regalo", - Toma... es el regalo de boda...
- Gracias, es todo un detalle, - Deleite empezó a desenvolver el regalo. Era evidente que se trataba de un libro... - Un libro...
- Sí, un libro, el libro que cambió mi vida...
- ¡Huyyy! ya me temo yo de que va el libro...

- Sí, y es muy posible que no lo leas nunca... pero a mí me hacía ilusión regalártelo, lo ha escrito mi maestro...

- ¿Quién? ¿El famoso J.J. que nadie conoce?

- Sí, el mismo... Bueno Deleite, te deseo que todo te vaya bien, espero conocer algún día a Diana. ¿Vale? Adiós... – y con fuerte abrazo se despidió.

Deleite acabó de desenvolver el libro y leyó *"Las Llaves del Comportamiento Humano"*. Hojeó por "encima"

- Lo que me temía, un libro de psicología y auto ayuda... ¡vaya tonterías! Este Triunfin siempre será un mediocre. Me va a decir a mí qué es lo que tengo que leer. ¡Los gurús, hay que leer a los gurús!. Además... Solo hay que ver donde está él y donde estoy yo... ¡eso lo dice todo!

Diana hacia algunos viajes para sus investigaciones. La vida del matrimonio funcionaba relativamente bien. Se veían poco por los viajes de uno y otro, pero a la vuelta de cada uno, había que satisfacer una serie de deseos (¿instintos?) y todo se normalizaba, o casi todo, porque Deleite seguía presionando a Diana con lo de aprovechar el "poderío" de su familia. "De eso, ni hablar", le repetía una y otra vez. Deleite estaba más que molesto por la tozudez de Diana en mantenerse al margen de los negocios de su poderosa familia.

Opinan algunos psicólogos, que "la distancia enfría la relación y ayuda al olvido". Otros sin embargo tienen una visión distinta y opinan que "la distancia acrecienta el deseo y el amor entre las personas"

¿Cuál era el caso de Diana y Deleite? Sin duda era la primera opinión la que estaba afectando a la relación de pareja. Diana, que era consciente del enfriamiento o el "deterioro" planteó la cuestión a Deleite. Diana estaba dispuesta a viajar menos. Automáticamente reorganizó su agenda y anuló algunos de los viajes que tenía programados. A Deleite le fue "imposible" "Que más quisiera yo que viajar menos"

Con la mayor presencia de Diana en la casa, las cosas se suavizaron y la relación se normalizó. Podríamos decir que el embarazo de Diana fue el resultado de aquel cambio.

Rompiendo las reglas "al uso" de los ejecutivos actuales, Deleite dejó de "externalizarse" durante algún tiempo y pasó a un periodo de más "internación", que resumiendo, se concreta en que durante el embarazo de Diana, viajó mucho menos y estuvo en su casa mucho más. Como muy bien habría dicho Triunfin; *"si se quiere se puede"*.

El embarazo de Diana fue relativamente "normal". Los primeros meses tuvo los mareos y nauseas de rigor. No podía soportar el olor a tabaco. ¡No sé cómo me he podido casar con un fumador! Le huele la ropa le huele el aliento, le huelen las manos. ¡Qué asco!

Deleite se armó de paciencia, intento dejar de fumar, "Aunque solo sea por el bebé". La verdad es que no lo consiguió. Cuando supieron el sexo del bebé, hubo disparidad de "sentimientos". Deleite, al igual que la familia de Diana tenía preferencia por un niño. "Grande", "fuerte", ya se lo imaginaba incluso con larga cabellera y "pelo en pecho".

Diana estaba muy emocionada, ella prefería una niña... "Espero que la quieran igual". Pero no lo tenía muy claro.

Fue una niña preciosa. En contra de los deseos de la familia de Diana, ésta se negó a bautizarla. - "De momento le llamaremos Alexandra. Que ella decida cuando sea mayor de edad". Y menos con un tumultuoso bautizo envuelto por el famoseo y la cursilería que ya había tenido que soportar con su boda. "Con mi hija no van a jugar". Lo tenía muy claro. Ni una fotografía en revista alguna, ni fotógrafos, ni cámaras de TV. Y eso que el abuelo materno de la niña ya lo intentó ya.

- Tú te debes a la familia" - le había recordado a Diana.

- Estás muy equivocado padre, desde ahora yo me debo a "mi" hija. Y con ella no va a jugar nadie si no es para que se sienta más feliz".

El abuelo Bontinez se había enfurecido. "Que se ha creído esta niñata". "Algún día se arrepentirá". Parece ser que después de esta amenaza se dirigió con una gran carga de "mala leche" a casa del Notario.

A Diana no le afectaban las amenazas de su padre, Deleite se lo reprocho,

- No hagas enfadar a tú padre, sabes que si le apetece te hace desaparecer de su testamento y se queda tan tranquilo.

- Quien se queda tranquila soy yo. Mira Deleite, no quiero ni un euro de mi padre, se piensa que porque es rico puede jugar y manejar a las personas a su antojo, por cierto, en eso se parece bastante a ti...

- ¿Qué quieres decir? ¿Qué porque me parezco a tu padre eso es malo? ¡Pues deberías sentirte orgullosa!

- Pues mira, "para nada", no me siento nada orgullosa de esa coincidencia.

- Claro, como aquí el que trae el dinero soy yo, pues tú ¡hala! a despreciar la fortuna de tú padre... – La situación, como se puede apreciar se estaba "tensando de lo lindo".

Diana fijo su mirada cargada de rabia en su marido y con los dientes muy apretados y de forma solemne y firme le dijo: - Toma nota Deleite, te has pasado "dos pueblos", esto que acabas de decir te lo vas a tener que tragar... a no tardar mucho... La niña ya tiene dos años hasta ahora ha crecido al lado de una madre porque su padre estaba siempre de viaje... y cuando está en casa, no tiene tiempo para su hija porque está cansado u ocupado. Antes de un mes estaré trabajando de nuevo a tiempo parcial, creo que sabré ganarme la manutención, la mía y la de mi hija, ¡ponte tu dinero donde te pase por las narices!

Diana cumplió su palabra. Mientras, Deleite tenía problemas en su empresa, se rumoreaba en la Central, que un Grupo empresarial muy potente estaba en negociaciones para adquirir al suyo.

¡Menuda situación! Problemas en la empresa, problemas en el matrimonio...

Aquélla noche Deleite no le apetecía ir a su casa y enfrentarse a la mirada de Diana. Llamó a sus padres y les dijo que pasaría a verlos y cenar con ellos.

- ¿Y Diana por que no ha venido contigo? - Le espetó la madre

- Está muy atareada, como ahora le ha dado por trabajar otra vez.

- Es que a las mujeres no hay quien las entienda, - apostillo Fede el padre, - Mira, Diana tiene todo lo que quiere y pueda desear una mujer y abandona la hija para ir a trabajar... ¡ella debería estar en su casa! Cuidando la niña y al marido, que esa es su obligación...

- No te pases Fede - sugirió la madre, - Ahora son otros tiempos, las mujeres ya se parecen más a los hombres... me refiero en temas de trabajo y todo eso... bueno, yo no me sé explicar, pero vosotros ya me entendéis...

- Por cierto, ¿cómo va el trabajo?

- Pues con problemas, se dice que van a vender la empresa.

- ¡Dios mío! - exclamó la madre, - no te irás a quedar ahora en el paro, ahora que tienes una hija que mantener...

- Tranquila madre... no tendremos problemas de dinero, tranquila...

- Ahora que dices lo de la empresa, ¿no te has enteraste del fallecimiento del Consejero Delegado de la empresa Decentronik? - preguntó Fede

- No, no sabía nada... - respondió Deleite - Esa empresa es la más grande del grupo industrial de mi suegro...

- Creo que le están buscando un sustituto, - prosiguió Fede, - ese sí que sería un buen puesto de trabajo.

Deleite cogió al vuelo la insinuación de su padre.

- ¡Gracias padre!

Deleite ya terminó de cenar con prisas y antes de dirigirse a su casa, comenzó a maquinar la estrategia. Sí, había que reconciliarse con Diana, pero sobre todo con su suegro...

El ramo de veinticuatro rosas rojas que recibió Diana de su marido le dejó anonadada. "¿Qué querrá éste?" Diana era una mujer muy inteligente.

Aquella mañana Deleite llamó a su suegro, solo pudo hablar cinco minutos, pero le fueron suficientes para ponerse de su parte en el contencioso con Diana y dejarle entrever, de paso, que estaba pensando cambiar de aires, "Esta empresa ya me queda pequeña" ¡Menudo mensaje! Ni mus del fallecimiento de Consejero Delegado de Decentronik. No sea que sospeche. Quedaron para verse "pasado mañana".

La conversación iba por buenos derroteros.

- Ya conoces a Diana, es muy testaruda...

- Que me vas a decir a mí que soy su padre...

- La niña ya pregunta por ti. Tienes una nieta preciosa ¡eh!

- ¿No me digas que pregunta por mí?

- Sí, yo le hablo mucho de ti, (exageró, ¿o mintió? Deleite) ya sabes, los hombres nos tenemos que apoyar. Por cierto, ahora que hablamos de hombres, me he acordado de un gran hombre... me han comentado que Segundo Primo el Consejero Delegado de Decentronik acaba de fallecer...

- Sí, lo enterramos hace dos días... una gran persona.

- Será difícil cubrir su hueco en la empresa...

- Esas personas... nunca son fáciles de sustituir. Son puestos de mucha responsabilidad y se necesita una persona de mucha confianza...

- Sí, casi como de la familia... alguien muy conocido...

Como el suegro no soltaba prenda Deleite decidió atacar de frente la cuestión,

- Bueno León, sabes que puedes contar conmigo para lo que desees, yo si estoy dispuesto a sacrificarme por la familia. Y en este caso de Decentronik, ¡también puedes contar conmigo! A mí ya me conoces... soy el marido de tú hija... el padre de tú nieta...

León Bontinez no respondió al claro ofrecimiento de Deleite. Se hizo un interminable silencio...

– Bueno Deleite, tú sabes que en Decentronik estamos sentados en el Consejo dos socios básicos de referencia, es decir, tenemos el mismo número de votos, el mismo poder...

- Pero vosotros sois banqueros, tenéis capacidad de desequilibrar la situación...

- Sí, pero tenemos acuerdos en otro grupo que no nos permiten ampliar nuestra participación en Decentronik.

- (¡Cachis!) Bueno, pero tú tienes poder para "aconsejar" lo que más le interesa a la empresa ¿o no?

- Sí Deleite, si... pero es que el puesto ya está cubierto...

- ¡No puede ser! ¿En tan poco tiempo? Pero si tú mismo decías que era un puesto muy difícil y complicado y que había muy pocas personas preparadas para ocuparlo!

- Sí, pero al parecer esa persona existe y ya ha sido contratada...

- ¿Y de quien se trata? - preguntó intrigado Deleite. Si personas de esas características... estaba él... y puede que nadie más...

- No le conozco, pero tiene el beneplácito de todo el consejo. Además ya sabes como es Decentronik, es una empresa "muy especial". Nuestros socios y accionistas quieren que sea por encima de todo, una empresa "humanista"... yo no tengo nada claro que significa eso... pero parece que es lo que quieren... parece ser que el nuevo Consejero Delegado tiene ese perfil. Mañana es su presentación en "sociedad" si quieres puedes venir a la "puesta de largo"

- Allí estaré...

Eran las diez de la mañana, la presentación del nuevo Consejero Delegado de Decentronik estaba a punto de producirse. Deleite entró en el gran salón, allí estaban representados todos los medios de comunicación y las más altas autoridades económicas del país. León Bontinez estaba en la mesa presidencial. Él también debería de estar allí. Él era la persona ideal... El presidente del Consejo estaba a punto de desvelar el nombre...

- Señoras y señores, les tenemos que confesar que cubrir el hueco dejado por el anterior Consejero Delegado parecía que no iba a ser tarea fácil, pero este consejo desde hace tiempo seguía la pista de un joven talento, de hecho fue su antecesor el fallecido Segundo Primo, quien primero nos habló de él. "Es un discípulo del profesor J.J.", nos dijo, y para él, eso era casi suficiente... es joven, brillante, humilde y de perfil claramente "humanista", algo vital para nosotros.

Debo confesarles que el nuevo Consejero Delegado no era partidario de esta multitudinaria presentación, pero la importante imagen social de la Compañía nos ha obligado a pedirle que haga este esfuerzo en atención sobre todo a los pequeños accionistas.

"Creemos no habernos equivocado, la más grande compañía del país tiene el placer y orgullo de presentarle a su nuevo Consejero Delegado. Señoras y señores... (Deleite estaba como un flan, ¿quién puede ser ese personaje?

- Ante ustedes... ¡Luis Triunfin!

Deleite sintió que se mareaba, las piernas le flaqueaban... ¡aire, aire! Tuvo que apoyarse en una columna y después sentarse en una butaca. Cuando había recobrado el control de su cuerpo y pudo abrir los ojos, dirigió la vista al estrado, Allí estaba... Triunfin dirigiéndose al público, con naturalidad, sin prisa, como siempre, cercano, muy cercano...

Sentado encima de la mesa presidencial, balanceando sus pies metidos en sus cómodos y deportivos zapatos.

- Ahora empezará con los agradecimientos... "Este hombre se pasa la vida dando las gracias".

Triunfin seguía hablando, - "Gracias a los que han confiado en mí, gracias a todos los trabajadores de Decentronik, porque sé de su entrega y fidelidad, de la pasada y de la futura. Todos juntos seguiremos siendo una empresa que gane dinero y donde las personas se sientan felices. Ya que una empresa donde las personas son felices es una empresa que rinde más. Y eso es todo... no es mi costumbre hacer apariciones públicas multitudinarias, por lo que de ahora en adelante, serán los responsables de cada área de la organización quien se ocupen de informar públicamente de lo que en cada momento convenga publicitar, espero y deseo que todos seáis muy felices... ¡hasta siempre amigos y amigas...!

- Ya está con las tonterías de siempre... ya veremos que dice cuando se dé de "morros", porque este se la pega. "Ser felices en la empresa..." ¡A la empresa se va a trabajar! ¡y punto!

Este había sido un duro golpe a la moral de Deleite. Se reincorporó con más "mala leche" si cabe, a la empresa y a la familia. Pero se iban a enterar... ¡no sabían quién era Deleite cuando se propone algo!

Él parecía que lo tenía muy claro:

- Las mujeres en casa y a cuidar del marido.
- No había que fiarse de la familia. (suegros incluidos)
- Algunos (como Triunfin) tiene mucha suerte.
- Si la mano dura no funciona, ¡más mano dura.
- Los hijos son una "lata".

12

CRECIDOS Y AGRADECIDOS

Bolso presentó a la nutria *Kurtida* a su nueva amiga la cocodrila *Falda*.

La nutria *Kurtida* también tenía nuevos amigos, una colonia de su misma especie residía muy cerca de su territorio y habían confraternizado rápidamente.

Las amigas y amigos de *Kurtida*, se asombraban de su amistad con el cocodrilo. No era normal, y al principió tenían un poco de "reparo"; No sea que nos den un bocado...

La nutria *Kurtida* les demostraba que podían fiarse... en algún momento incluso se "paseaba" por el lomo de *Bolso* al más puro estilo *Rosaura*, mientras miraba a sus colegas como diciendo "veis no pasa nada, son de fiar". Lo cierto es que al poco tiempo, eran un grupo de amigos.

Saltarinas las nutrias, reposados los cocodrilos. Cada cual a su manera. Así los cocodrilos pudieron hacer su siesta habitual de dos horas sin problemas. A la caída del sol, todos se despidieron, habían jugado, habían pescado y sobre todo habían confraternizado. Un buen ejemplo de convivencia y amistad...

Falda y *Bolso* se deslizaban con suavidad a favor de la corriente. Solo sus ojos con las cortinillas bien abiertas sobresalían de la superficie del agua. *Bolso* se acercó a *Falda* hasta que sus cuerpos quedaron uno junto al otro. Parecían uno solo, *Bolso* se pegó con más fuerza y notó que su compañera también se pegaba a él. El colmillo que daba hacia el lado donde el sol se trataba de ocultar, brilló con rojizos destellos fruto de la singular sonrisa de placer de *Bolso*. Siguieron navegando juntos.

La sangre habitualmente fría de estos reptiles, estaba subiendo de temperatura. El tono negro-verdoso de sus cuerpos se tornaba rojizo... ¿sería por el color de la puesta del sol? ¿O el color procedía del interior de sus cuerpos?

Aquella noche, *Falda* y *Bolso* no se dedicaron precisamente a pescar o cazar actividad habitual de estos cocodrilos en esas horas nocturnas. Dedicaron su tiempo y algo más a "ellos"... Después durmieron en el esponjoso fango de la pequeña playa, juntos... muy juntos.

Falda y *Bolso*, ya formaban parte de la "decoración" del río. Su nivel de convivencia con el paisanaje era de lo más cordial. No era infrecuente ver a la colorida cacatúa *Rosaura,* posada sobre el "cogote" de alguno de nuestros amigos desgranando bellos cánticos imitando a los más genuinos gondoleros venecianos.

Ya habían pasado unos cuantos años en aquel "singular" lugar.

En más de una ocasión, tuvieron que defender a sus paisanos de algunos intentos de invasión de su pequeña "nación". En una ocasión, incluso participó la nutria *Kurtida* en la refriega. ¿Qué se habían creído aquella cuadrilla de pesados hipopótamos?. Dos días de contienda y al final retornó la paz a la zona de Akitoy.

A veces, en el reino animal también existen las confrontaciones, aunque aquí, el único objetivo era defender la buena convivencia y la armonía de una variopinta gama de identidades.

Allí, en aquel alejado lugar, muy lejos de la civilización, convivían ¿felizmente?, por tierra agua y aire en "apasionante armonía", seres de distintas especies y colores, con diferentes idiomas y formas de comunicarse, alimentarse, reproducirse, trasladarse, etc. Solo los grises y saltarines monos tenían una dotación neuronal apreciable, el resto, un cerebro poco desarrollado, muy poco... ¿acaso necesitaban más?

Falda estaba algo "rara". Pasaba de un "cariñoso" sublime pegándose a *Bolso*, como volviéndose irascible por "quítame aquellas pajas". Además últimamente tendía a salir fuera del agua y a alejarse más de lo acostumbrado. Sin duda era la llamada de la naturaleza que le estaba informando que debía disponerse para el trascendental momento que toda hembra lleva aparejado a su existencia: la perpetuación de la especie.

Falda había regresado de su "excelso" viaje. Había depositado retazos de vida bajo la suave arena de aquel claro del bosque a unos dos kilómetros río abajo de su habitual morada.

Su instinto, grabado en lo más profundo de su diminuto cerebro, le había "ordenado" permanecer dos semanas cerca de donde había depositado sus retazos de vida. Un proyecto de vida basado y escrito en el cruce de sus cromosomas con los de *Bolso*. Durante ese tiempo la tierra y arena que cubría los huevos había vuelto a tener una imagen normal que no le hacía sospechar el inmenso tesoro que escondía.

Bolso estaba inquieto, no solo por la ausencia de *Falda*, sino porque "intuía" que algo no" nadaba" bien en el río.

Había observado que recientemente habían llegado a sus lares algunos peces muertos. Eso había sucedido en alguna ocasión, pero en cada caso, no solían ser más de dos o tres peces. En esta ocasión, eran más de una docena. Además, algo más inquietante, el agua del río ya no tenía el mismo azul de siempre. Alguna de las anguilas estaba enferma y los topos se pasaban todo el tiempo en tierra... mal asunto...

Al poco de llegar *Falda*, apareció la nutria *Kurtida*, estaba muy excitada y no quería estar en el agua. *Bolso* y *Falda* comprendieron que la nutria les invitaba a salir fuera del río.

Sin duda era un momento complicado. *Falda* estaba muy débil después de los quince días de ayuno y *Bolso* no quería separarse de su lado.

Bolso tenía que conseguir algo de comida para *Falda*. Se sumergió en el río para procurar algo de alimento para su pareja. La nutria se puso delante de *Bolso* y le obstaculizaba el paso. *Bolso* comprendió que no debía pescar y se introdujo en el bosque para ver de conseguir algún animal que les supusiese algo de comida.

Al poco de introducirse en el bosque, *Bolso* observó algo que se movía, se acercó con cautela y vio una gacelilla tumbada y jadeando, sin duda estaba enferma o muy mal herida. Sin ninguna dificultad *Bolso* se hizo con ella y pronto estuvo junto a *Falda* y entre los dos, se dispusieron a dar buena cuenta del animalillo. Parecía una acción más en el proceso de la selección natural.... pero ¡que va!

Los pájaros del bosque también estaban muy inquietos, más que cantar como era función cotidiana, se oían aullidos, algunos de tristes presagios, de cercana muerte otros... El fuerte calor reinante producía una gran evaporación de las aguas del río. Este vapor estaba fuertemente impregnado de elementos tóxicos procedentes del agua contaminada. Los pájaros y el resto de habitantes de la zona desde Kemasdá hasta el remanso de Akitoy se habían percatado de este cambio "ambiental".

Algunos de estos pájaros se arremolinaron junto a nuestros amigos y la nutria, y con claros gorgoritos indicaban que se estaban despidiendo para buscar nuevos lugares donde la muerte no discurriese escondida y amenazante entre las hasta entonces azules y generosas aguas del río Akitoy.

Para *Falda* y *Bolso*, la información llegaba tardía. Habían saciado su hambre a la vez que ingerían una importante dosis de veneno que aquella infeliz gacetilla transportaba en su sangre después de haber saciado su sed en el río... ahora el río bien podía decir con propiedad: "Akitoy: soy la muerte".

Su instinto les decía que debían salir cuanto antes de allí. *Falda* no estaba para caminar, para ella era más fácil alejarse aprovechando la corriente del río, era cuestión de "dejarse llevar por la corriente". En esta ocasión, no interesaba ir en contra...

Allí estaban los tres; la nutria *Kurtida, Falda y Bolso*... éste por instinto abrió sus cortinillas visuales y miró hacia arriba... eran cuatro, allí estaba también la vieja y colorida cacatúa *Rosaura*. Estaba dispuesta a seguirles donde fuesen, ella era una cacatúa agradecida... les seguiría hasta el fin...

El agua había perdido su color azul, el marrón / rojo procedente de las "modernas" y cada día más productivas fábricas de Kemasdá, teñía de tecnología y muerte al inocente río. Así avanzaba la humanidad. Todo un ejemplo de inteligencia.

Una nueva diáspora estaba en marcha, estos seres, también habitantes de este planeta, y que es más que probable, que nunca se les recompense ni se les reconozca su sacrificio son brutalmente arrojados de su hogar. Todo sea por el "desarrollo" de la "humanidad". ¿Usted que piensa?

Su obligado desarraigo, no deja de ser una anécdota más de las muchas que a diario suceden como consecuencia de la ostentación de inteligencia que hace una especie ¿superior?

La vieja y colorida cacatúa, observa con preocupación el impropio lento ritmo que sus amigos los cocodrilos imprimen a sus movimientos. Los ojos de *Falda* se cierran, sus cortinillas visuales se tornan ásperas y vidriosas. El agua del río ya no es fuente de depuración y limpieza, sino más bien al contrario, infecta las corneas de nuestros amigos y todo lo que su corriente toca.

Así, envenenados por dentro y fuera, *Falda* y *Bolso* juntos, muy juntos se dejan llevar por la corriente... de pronto, *Falda* para en seco... *Bolso* se vuelve y la observa, está muy excitada... se acerca a la orilla del río... intenta salir pero no tiene fuerzas... apoya su cabeza en la aún verde hierba... allí, justo frente a ella en el claro del bosque están depositados aquellos retazos de vida suya y de *Bolso*. ¡Que será de ellos! *Falda* no llora por el veneno del río que destroza sus ojos, sus lágrimas le salen de muy dentro... estas lágrimas de cocodrilo tienen el sabor amargo del amor perdido... del desarraigo... Algo de sus vidas queda allí enterrado... a merced de...¿? *Bolso* no puede evitar llorar con su amiga... con su amada *Falda*... Los dos han dejado allí lo mejor de sus, para algunos, "arrastradas" vidas...

La nutria les saca de su éxtasis, no de su interno dolor. Han sido "despedidos" del río, sin aviso previo, sin compensación, sin contemplación... Ahora deben seguir río abajo. Allí, en un forzado exilio, en no se sabe qué lugar... ¿Acaso estarán más seguros?

Seguros o no, el primitivo cerebro de Bolso iba sintiendo y tomando nota:

- Cuando algo cambia de color ¡ten cuidado!
- Ante el dolor y la adversidad, tener amigos es crucial.
- Emigrar por "obligación", siempre es doloroso.
- Siempre ayudaré al inmigrante necesitado.

13

MODERNAS TÉCNICAS DE GESTIÓN

Deleite no estaba dispuesto a "rendirse" fácilmente. El "acto fallido" (en nueva versión no freudiana") no le iba a arredrar en su ascendente trayectoria profesional. Iba a tomar decisiones ¡ya!

Veamos, reflexionaba, el tema ese de la empresa "humanista" le había llamado la atención. Había escuchado muchas veces en los últimos tiempos aquello de que las personas es lo más importante en las empresas, pero él no había observado muchos cambios en todas las organizaciones que conocía.

"Si hay que hacer un lavado de cara a la empresa se hace", había concluido. Veamos temas a manejar estratégicamente.

- *Formación*
- *Participación / Trabajo en Equipo.*
- *Imagen*

La primera decisión fue la de contratar una consultoría. Venga ¡manos a la obra! Llamó a Rosa Flores responsable de Recursos Humanos

- Quiero que contactes con un par de consultoras de prestigio. Quiero llevar a cabo un ambicioso plan de renovación en todos los ámbitos de la empresa. Ya sabes, formación, imagen y todo eso...

Rosa Flores que era nueva en el puesto, pero no por eso carente de criterio, pidió más concreción a Deleite.

- Podrías concretarme que tipo de formación y de imagen quieres potenciar... es para tener una idea más cabal del Proyecto y así poder escoger la consultoría más adecuada.

- Mira, de entrada una que tenga bastante "nombre". Eso es lo más importante. Y que nos ayuden a dar una buena imagen al exterior ¿Me explico? Tú te limitas a seleccionar dos o tres y después yo ya me encargo de escoger una y del Proyecto.

- Bueno, - insistió Rosa, - pero yo debería conocer tus intenciones para ir preparando todo lo necesario. Si hay que organizar un plan de formación, pues se tendrá que hablar con los responsables de cada departamento y además…

- Además ¿qué? - le interrumpió Deleite - Aquí quien va a trabajar son los consultores, no vamos a poner ahora al personal a perder el tiempo con sesiones y sesiones de formación. Haremos un par de seminarios sobre informática que siempre va bien y poco más, no estamos para complicarnos la vida, ¡Aquí estamos para trabajar!!!

Después de mantener dos reuniones con cada una de la prestigiosa consultora, Deleite se decidió por Mylonging Training. Estos estaban de acuerdo (cosa que no sucedió con E- People y Formark Consultores) a prestarse a cualquier "cambalache", de hecho tenían una filosofía coincidente con Deleite: ¡beneficios!.

No obstante los acuerdos alcanzados con Mylonging Training, Deleite quería asegurarse antes de firmar contrato alguno, del éxito de la acción, ya que la misma les iba a suponer un importante "gasto" "Tengo que hablar con Triunfin para asegurarme..."

- Buenos días Deleite, - saludó efusivo Luis Triunfin cuando Deleite entró en el despacho que le habían indicado estaba su amigo.

- Hola Luis, ¡felicidades! Me alegro un montón de tu nombramiento como Consejero Delegado...

- No tiene importancia Deleite, un puesto como otro cualquiera. Ya ves, al fin y al cabo se trata de trabajar... tú de eso sabes mucho...

Después de hablar de sus respectivas familias y otras "triviales" cuestiones, Deleite fue al grano.

- Oye Luis, sabes que yo te admiro mucho (mintió) Me gustaría que me explicases esa teoría tuya de la empresa "humanista", y las personas y todo eso...

- Vaya, ¿también tú quieres entrar en el reducido "club?"

- Bueno, no sabía que existiese un club de "esos"...

- La verdad es que no existe tal club, seriamos muy pocos socios... demasiado pocos... Pero veamos, ¿qué quieres saber sobre ese tema?.

- Es que creo que vamos a hacer algunos ajustes... ya me entiendes, a los nuevos tiempos, y estoy de acuerdo contigo, sobre tu idea del valor de las personas y todo eso... (mintió, de nuevo)

Triunfin que sabía bastante de psicología "practica", sabía muy bien que el "guión de vida" de una persona no cambia fácilmente, y por lo tanto, no acababa de creer que Deleite hubiese cambiado su filosofía y "estilo de Dirección" en tan poco tiempo.

- ¿Y cómo piensas hacer ese cambio en tú organización?

- Pensaba contratar a una consultaría de prestigio del estilo de Mylonging Training ¿Cómo lo ves? ¿Tú me recomendarías otra?

Luis Triunfin se quedó pensativo. No le extrañaba que Deleite hubiese pensado en aquella Consultoría...

- Sabes... yo sí puedo hacerte una buena recomendación... - sabía que lo que le iba a decir iba a agradar a Deleite. - Mira, es mejor y más económica.

- Venga, vamos a tú despacho y me das los datos de esa Consultoría.

- No Deleite, no tenemos que cambiar de lugar, este es mi despacho.

Deleite no podía creer lo que oía. Pero si era un despacho que podía calificarse de "humilde". Una amplia mesa, eso sí, unas estanterías de "melamina". Muebles lisos, de lo "más normal". Como única concesión, un gran ventanal con luz artificial y buenas vistas lo adornaban...

- Aquí estoy muy bien Deleite, tengo unas buenas vistas... ya sabes... yo soy de pueblo y necesito la luz natural y poder "otear" un horizonte, si puede ser lejano mucho mejor... Toma, en esta nota tienes el teléfono de contacto, llámale y quedas con él...

Deleite, cogió la nota que le entregaba Luis Triunfin. - ¿Y el nombre? - preguntó

Triunfin sonrió.

– Es el mejor... ¿necesitas su nombre?

- ¡Ah ya! - Deleite había tenido reflejos - Se trata de J.J. ¿no?

- Efectivamente, has acertado. Yo no haría nada sin antes hablar con él...

La verdad es que Deleite estaba algo defraudado. Él no creía en personas como J.J. Ahora recordaba el libro que le había regalado Luis. Había leído, a instancias de su amigo algunas páginas... Bueno la verdad es que solo lo había empezado y también había leído algunos artículos que había publicado el tal J.J.... No, la verdad es que no era de "su estilo". Demasiada filosofía y psicología...

- Gracias Luis, le llamaré,

"Al fin y al cabo, pensó, - no pierdo nada en hablar con él, y como parece que tiene bastante prestigio, pues igual le encargo alguna "cosilla" y su nombre nos ayuda.

Bueno, no ha estado mal la visita", pensaba una vez se hubo despedido de su amigo Luis.

Deleite estaba ansioso por hablar con J.J. Habían quedado esa mañana a las diez. Puntualmente llegó J.J. a la cita.

- Veamos Deleite, explícame cual es tú proyecto y concretamente que objetivos quieres conseguir.

- Bien, se trata de conseguir tener una imagen de empresa humanista. Para que te hagas una idea, como Decentronik, la empresa de Luis Triunfin.

- ¿Con que una empresa como la de Luis Triunfin?

- Sí eso... bueno más o menos...

J.J. quedó en silencio, se atusó su cana perilla...

- Deleite ¿tú sabes como es Decentronik?

- Claro que sí J.J. Todo el mundo sabe lo que hace, es una empresa muy conocida... conocemos su organigrama y su organización ¡vaya pregunta!

- Bien, - habló J.J. con pasmosa calma, - entonces ¿conocerás perfectamente cuál es el "punto fuerte" de Decentronik?

- Por supuesto, su sistema Ok-*Ness*

- No...

- Su tecnología en el software científico...

- No...

Deleite ya comenzaba a irritarse. ¡Quien se había creído que era aquel J.J. haciéndole un examen! A estas alturas...

– Bueno me rindo, - dijo finalmente intentando disimular con una sonrisa su cabreo.

El nuevo silencio se le hacía eterno a Deleite.

- Las personas...

Por fin había hablado, y... ¡total para qué! ¡Las personas! ¡Vaya tontería!

- Bueno J.J., todos sabemos que las personas son muy importantes en la empresa...

- Lo que más... sin duda ¡lo que más! - sentenció J.J.

- Bueno, pues eso es lo que quiero, un plan para que las personas estén motivadas, contentas... fe-li-ces... -lo de "felices" le había costado pronunciarlo.

- Que estén felices *en* y *con* su trabajo ¿Eso quieres decir?

- Bueno J.J., tú sabes bien que las empresas no viven de la felicidad de sus trabajadores, sino del esfuerzo y entrega de los mismos ¿imagino que estarás de acuerdo con mi teoría?

- Digamos que más bien en... total... desacuerdo.

- ¿Cómo? Perdona J.J., pero creo que no sabes muy bien lo que dices. Seguro que si estuvieses en mi puesto no decías lo mismo...

- Mira Deleite, - dijo J.J. casi con ternura, - sé que tienes un trabajo de inmensa responsabilidad y muy duro de llevar a cabo, lo sé porque mucho antes que tú, yo he dirigido también grandes compañías, por lo tanto, no tienes que explicarme cómo se siente uno en la soledad de la mal entendida cumbre. Créeme, tengo suficiente fuerza moral para hablarte en los términos que lo hago, además mi intención no es otra que la de ayudarte... todo es cuestión de que tú te dejes... y ahora te explico mi teoría: Las *empresas no viven del esfuerzo de los empleados, viven de los resultados económicos.* ¿Estás de acuerdo?

- ¡Ok! "Por fin ha dicho algo sensato", - pensó
- Y la segunda parte de mi teoría que va íntimamente ligada a la primera es que: *"Las personas que se sienten felices en el trabajo rinden más y producen más beneficios".*

Deleite se quedó pensativo, intentando "digerir" la teoría de J.J. La verdad es que era demasiado para él. Le resultaba imposible estar de acuerdo ¡ser felices en el trabajo!

Las empresas no viven del esfuerzo de los empleados,
viven de los resultados económicos.
Las personas que se sienten felices en el trabajo,
rinden más y producen más beneficios.

Como a Deleite le interesaba que asociasen su empresa a J.J. accedió (sólo aparentemente) a "comulgar" con la teoría de J.J.

- Bien J.J. me interesaría que me hicieses una propuesta para un Plan que nos llevase a que el personal de la empresa se sienta lo mejor posible. Hazme una oferta "ajustada", es que ya tenemos los presupuestos cerrados y no había partida para estas cosas...

- Bien Deleite, ¿quieres una propuesta para conseguir aumentar los resultados de tu empresa a través de una mayor motivación de los empleados? ¿Es ésta tu demanda?

- Sí, eso es... sí... No sé, alguna sesión de esas tuyas de formación... cuatro o cinco horas... ya sabes.. no podemos perder la concentración... aquí hay mucho trabajo...

- Bien Deleite, - le dijo suspirando J.J. – lo siento pero no puedo hacerme cargo de tú Proyecto.

- ¿Qué dices J.J.? ¿cuál es el problema?

- Pues no hay problema...

- ¿Entonces?

- Mira Deleite, yo diseño y desarrollo Proyectos de Cambio "re-a-les" ¿Sabes que significa eso?

- Pues no sé dónde quieres ir a parar...

- Como pienso que eres una persona inteligente, no me iré por las ramas... Deleite, lo que tú me pides, dicho con todo el cariño, es una chapuza, es decir, cambiar para no cambiar. Una operación de cosmética.

- No te entiendo J.J. – Deleite se daba cuenta que estaba quedando fuera de juego, pero no era su intención dejarse enredar en las redes de J.J.

- Veamos Deleite, aclaremos algunas cuestiones, ¿tú quieres cambiar el modelo de organización de la empresa?

- No.

- ¿Quieres delegar la mayoría de decisiones que ahora tomas tú en otras personas? ¿Quieres mejorar ostensiblemente las condicione socio-laborales de tus empleados?

- No... claro ¡solo faltaría!

- Entonces, está claro que en lo esencial no quieres cambiar nada ¿o me equivoco?

- No, no te equivocas... lo esencial no cambia ¡por supuesto! Eso sería reconocer que ahora lo estoy haciendo mal... y no es el caso...¡ahí están los resultados!

- Pues cuando no se cambia nada "esencial", lo que se hace es una "operación cosmética" Cambios aparentes pero no "reales".

- Repito: "cambios para no cambiar". Cuando quieras hacer un cambio "de verdad" puedes llamarme. Para lo "otro", ya tienes a Mylonging Training y similares.

- Bueno J.J. no te pongas así, - intento suavizar la entrevista Deleite en vista de lo serio que se había puesto J.J. - Veamos, ¿tú propuesta cuál sería?

J.J. dudó en responder u optar por despedirse. Se acordó de su amigo Luis Triunfin. Respiró, hizo un nuevo y prolongado silencio y habló.

- De acuerdo Deleite, te explico en forma muy sintética mi visión de la situación de tu empresa. En este caso, resumida en cinco cuestiones claras y rotundas para gestionar un Cambio Eficaz y Permanente:

a) Se trata de un cambio de cultura.

b) La duración del proyecto es de mínimo tres años.

c) Deben participar todos los miembros de la empresa.

d) Para cambiar lo que se "hace", lo primero es cambiar lo que se "es".

e) El primer implicado, valedor e impulsor del Proyecto, debe ser el Director General.

- Ah, - sentenció J.J. - si no se cumple el último punto, no es necesario iniciar el Proyecto. Y si se hace, ¡el fracaso está garantizado!. Y yo, nunca me apunto a un fracaso...

Deleite se quedó "alucinado". Estaba claro que J.J. no tenía ni idea de lo que era una empresa. "Este hombre está desfasado. ¡Tres años!"

- Bueno J.J. lo pensaré. Me ha parecido muy interesante tu visión... muy interesante (mintió ¡ooootra vez!).

- Muy bien Deleite, si cambias de opinión, ya sabes dónde estoy... - J.J. se levantó de su sillón y se despidió de Deleite. Tenía muy claro quién iba a llevarse el "gato (contrato) al agua". – Deberías hablar más con Luis Triunfin...

- Sí la verdad es que es un buen tío...

- Sin duda un gran hombre... Podríamos decir que: "un gran hombre salido de la humildad"

- Sí, sí. De acuerdo J.J. y gracias por tú visita J.J. – Deleite tenía la sensación que se había sacado "un muerto de encima" - Yo lo tengo muy claro:

- La filosofía y la psicología para los débiles.
- Un buen directivo no necesita ayuda, necesita gente que se esfuerce mucho.
- El jefe debe controlarlo "todo", es su función
- principal.
- Delegar es una dejación de funciones.

14

ENVENENADOS Y CAZADOS.

Pareciera que las otrora transparentes, azules y fluidas aguas del río Akitoy, se hubiesen tornado en viscoso fluido de oscuros matices, tal era la dificultad de *Falda* y *Bolso* para deslizarse incluso, a favor de la corriente.

Habían recorrido unos doce kilómetros huyendo de aquel hasta entonces paradisíaco lugar.

Las aguas seguían en aquellas latitudes, aunque en menor grado, todavía contaminadas. A *Falda* y *Bolso* se les iban difuminando las fuerzas diluyéndose poco a poco por aquella fatídica corriente.

La nutria *Kurtida* y *Rosaura* la veterana y coloreada cacatúa, intentaban animar a nuestros cocodrilos, Rosaura aleteaba y "ventilaba" los "cocos" de nuestros amigos y la nutria navegaba a unos metros de ellos marcándoles el camino con suaves chapoteos, ya que las cortinillas visuales de sus amigos, permanecían más tiempo cerradas que abiertas.

Falda dejó de moverse, flotaba cuál abandonada hoja mecida por la suave y mortífera corriente del río. *Bolso* se pegó a ella y con las escasas fuerzas que aún le quedaban logró acercarla a la orilla donde había un pequeño recodo con unos pocos centímetros de agua, suficiente para que no se deshidratase y a la vez poder respirar el poco aire del que aún podía "alimentarse".

Sin duda era un lugar seguro, pero allí donde el hombre puede llegar con cierta facilidad, animales de esta singular belleza, pueden considerarse en la antesala del infierno.

El grupo de cazadores furtivos, habían divisado "algo" que se deslizaba sobre el río. Prestos se dirigieron hacia la zona donde estaban "¿descansando?" los dos cocodrilos.

La nutria y la cacatúa se percataron del inminente peligro de sus estimados amigos. Los dos "animales" se miraron y como si un primitivo lenguaje les hubiese permitido transmitirse sus pensamientos, ambos se dirigieron a toda velocidad... al encuentro de los furtivos cazadores. La cacatúa desde lo alto de un precioso árbol comenzó a emitir una sinfonía de sonidos que llamó la atención de los cazadores, mientras, la nutria se había acercado lo suficiente para que pudiesen verla...

- ¡Ahí está! Era una nutria lo que bajaba por el río, - gritó uno de los cazadores.

Las pieles de las nutrias son muy apreciadas en el mercado de la "pijería" de la moderna sociedad. Sin duda era una buena ocasión para no irse de vació a sus casas. Los cazadores veían como se movía la maleza,

- ¡Ahí va! - gritaba el que parecía más joven.

- Rápido que esos animales son muy veloces. ¡Por allí! - animaba con expresivos gestos el del rifle más moderno y mortífero.

Era la cacatúa que estaba haciendo que se moviesen las ramas de algunos matorrales. Mientras, la nutria se lanzó al agua y cruzó el río. ¡Objetivo logrado! La nutria se colocó en un lugar que fuese fácilmente visible para los cazadores...

- ¡Ondía! Esa nutria no ha fastidiado... ¡ha cruzado el río! ¡Vamos a por ella", - dijo el que parecía ser el jefe, ya que llevaba unas botas bastante "guays". Todos se lanzaron al agua en pos de la nutria.

- ¡Maldita sea! ¿qué me pasa en los ojos? "No veo nada" - se lamentaba el más "gordito del grupo". Habían sido prisioneros de las "nuevas maldades" del río Akitoy.

Sin duda, estos furtivos tenían para unos días antes de recuperarse para reanudar su destructiva misión.

El veneno, en esta ocasión, no había distinguido entre animales y hombres. Allí estaban los cuatro furtivos retorciéndose de dolor restregándose sus ojos en una esquizofrénica sinfonía de lamentos.

La nutria *Kurtida*, sabía que había que nadar con la cabeza muy erguida y fuera del agua. A veces no hay que estudiar mucho para triunfar sobre los elementos. Todo era muy elemental... puro instinto ¿o sentido común?

Ella estaba a salvo, y sus amigos también... de momento.

La cacatúa *Rosaura* hizo al día siguiente una incursión en el territorio desplazándose río abajo. Invitó a la nutria a que le acompañase. Con sigilo se acercaron a un campamento en el que trasegaban un grupo de unas diez personas ¿serán peligrosas?

La cacatúa, con más de sesenta años en la selva, ya sabía distinguir dónde estaba el peligro. En esta ocasión, no percibía vibraciones que le indujesen a la inquietud ¿cómo es posible? El día anterior, habían estado a punto de ser presa y carne de "otros humanos" ¿y por qué estos no?

La nutria no lo tenía tan claro, pero si le llamaba la atención que en el grupo hubiese también un pequeño felino y un par de guacamayos que confraternizaban con todos los "humanos". No, no era normal...

De todas formas, con *Falda* y *Bolso* sin fuerzas y muy enfermos, poco podían hacer...quizá... solo esperar... Esperar la miseria o la grandeza del destino.

La nutria y la cacatúa, les llevaron algo de comida a sus amigos, pero estos extenuados, no tenían siquiera fuerza para abrir la boca Por mucho que la cacatúa hincase su potente pico en sus bocas para intentar abrirlas. Era inútil... todo estaba perdido... solo cabía esperar... ¿el final?

Rosaura, nuestra cacatúa, no se conformaba con ver como sus amigos morían de inanición y dolor... Culpar al río, a la fábrica de Kemasdá y a sus propietarios... de nada servía ya.

En situaciones extremas, hasta sería comprensible el dejarse abandonar a la suerte y esperar el final... Pero nuestra cacatúa había aprendido en su dilatada vida, que ante la adversidad había que rebobinar en su limitado cerebro para encontrar alguna acción que se ajustase a los acontecimientos. De pronto dio un salto, se posó en la cabeza de *Bolso* y le acarició con su potente pico su cogote, pasándolo muy cariñosamente junto a sus inertes ojos. *Bolso* aún pudo levantar sus cortinillas visuales, vio la imagen de la cacatúa e hizo un suave movimiento de asentimiento con su pesada cabeza. Estaban seguros que eso era una despedida, difícilmente sus cuerpos volverían a estar en contacto... era sin duda un sentido adiós...

Falda no pudo siquiera percibir la afectuosa despedida de la cacatúa, ésta levantó el vuelo, mientras la nutria *Kurtida* se quedó junto a nuestros amigos los cocodrilos, esperando el resultado del viaje de *Rosaura*...

En el campamento del biólogo Félix Perdices de las Fuentes, estaban muy inquietos, los análisis que acababan de realizar a las aguas del río Akitoy, indicaban grandes dosis de contaminación producida por unos agresivos productos, sin duda, mortales para muchos animales, no solo del río sino también de la fauna circundante.

La cacatúa se plantó en un vistoso y frondoso árbol bien a la vista de los miembros del campamento. Una cacatúa de aquellas dimensiones y colorido, no podía pasar desapercibida, máxime cuando ésta se concentraba en recitar una retahíla de extraños sonidos, una mezcla de balada country y saeta andaluza.

Todos se quedaron observando y escuchando a la cacatúa, de pronto ésta, cuando más admirada era su "actuación", arrancó el vuelo. Pareciera que volaba a trompicones.

- Está herida, - gritó Félix, - hay que cogerla y curarla ¡venga vamos!

Cinco personas salieron tras la cacatúa. Ésta volaba a trompicones, lo suficiente para que no la cogiesen ni la perdiesen de vista... Se fue acercando a la orilla y volaba justo al borde del agua, de pronto... Félix gritó:

- ¡Alto ahí!, - había visto el lomo de un cocodrilo, ¡ojo peligro! ¡un cocodrilo enorme!.

La cacatúa estaba justo en el árbol encima de los cocodrilos, Félix la miró, después observó al inerte cocodrilo

- ¿Qué pasa aquí?

La cacatúa graznaba señalando con el pico donde se encontraban *Falda* y *Bolso.*

Félix estaba confundido. Sus acompañantes estaban tras él y tampoco sabían muy bien que estaba pasando.

Félix, un experimentado y gran biólogo, se hizo cargo, aunque algo incrédulo, de la situación. Se acercó a *Bolso*... entonces descubrió que no estaba solo... - ¡Hay dos cocodrilos, son dos!

Los cocodrilos estaban inertes, ello no pasó desapercibido para Félix y su equipo. Se acercaron sin temor y les abrieron sus cortinillas visuales.

- ¡Están muy mal! Rápido, el antídoto...

Todos se pusieron alrededor de los cocodrilos. Una enorme jeringa introducía un antídoto y una combinación de antibióticos.

- ¿Habremos llegado a tiempo? - se preguntaba Félix

- ¿Habrán llegado a tiempo? - parecía que se preguntaba la cacatúa *Rosaura* desde lo alto de aquel tupido árbol. La nutria *Kurtida* que no había dejado de observarlos y comprobar como sus amigos no eran maltratados... más bien, intuía, que todo lo contrario... se iba tranquilizando...

Félix, optó por mantener a los dos cocodrilos sin moverlos de aquel lugar, necesitaban esperar a ver la reacción ante los fármacos, vitaminas y proteínas que les habían administrado.

Con gran cuidado el grupo de biólogos y Félix, cargaron a *Falda* y *Bolso* en un vehículo todo terreno y se dirigieron al campamento.

Félix estaba irritado y satisfecho a la vez. La contaminación del río le hacía sentir herido en su espíritu y en su alma, pero también estaba satisfecho porque habían podido salvar bastantes animales de aquel, aunque parezca una paradoja "infierno tecnológico".

Habían pasado cuatro días y los cocodrilos ya estaban bastante recuperados. Prepararon el viaje, cada animal en una jaula que aunque a Félix se le hacían pequeñas, era lo que se aconsejaba para aquellas circunstancias.

Levantaron el campamento y cargaron las jaulas en los "todo terreno". *Falda* y *Bolso* notaron como su vehículo se ponía en marcha. Éste sí que era un viaje diferente... ¿qué sería de sus amigos?

Pues allí estaban... la nutria *Kurtida* apareció entre la maleza moviendo la cabeza. La cacatúa *Rosaura* estaba en una rama justo encima de la nutria. ¿Era un hasta nunca? En sus diminutos cerebros de simples animales de la selva, se grababa un mensaje de ¡hasta siempre! A veces las cosas son así... ¡incluso en la selva!

Bolso recordaba mientras miraba a su "compañera *Falda*, que iba a su lado en otra jaula.

- Los amigos, son amigos ¡siempre!
- Siempre estaré agradecidos a Rosaura y Kurtida.
- Ante la adversidad hay que crecerse y ¡actuar!
- A veces los que parecen más débiles, son los que nos pueden dar lecciones de "poder" incluso salvarnos... la vida.

Tras cinco días de peripecias camioneras y avionísticas, aterrizaron en un importante aeropuerto europeo con destino a...

Allí estaban, en sus jaulas de resistentes barrotes, nada que ver con su anterior hábitat. Esto era una "nueva" selva... no tardarían mucho tiempo en comprobarlo...

Unos pasajeros que llegaban tarde a su avión y los conducían por un atajo, en plena vorágine (¿o selva?) aeroportuaria, vieron allí "aparcados" en un "reservado", los enjaulados animales... uno de ellos, con pinta de ejecutivo yuppy, muy elegante él, con traje de "raya diplomática" y corbata de seda natural, previno a sus acompañantes

- ¡Ojo, tienen pinta de ser cocodrilos asesinos! Yo he estado varias veces en la selva y sé distinguir bien los pacíficos de los asesinos... -¡lo que hay que aguantar!

15

EL GRAN SUFLÉ DE LOS GURÚS

Mylonging Training "aterrizo" con sus consultores en Moobingtronik. No tardaron en ponerse de acuerdo.

- Tal como os comenté, quiero actualizar la imagen de la empresa. Hemos de dar una imagen al exterior de empresa moderna, participativa y humanista, - planteó Deleite al jefe consultor Sócrates Leloit.

- ¡Eso está hecho! - Y el Consultor Leloit, que era muy metódico, y tenía un montón de Masters (aunque nunca había dirigido empresa alguna) resumió proyectando en un coloreado Power Point con algunas inserciones de Flash (incluso):

a) Definiremos la Misión, Visión y los Valores de la empresa.
b) Haremos un Plan de Acogida.
c) Diseñaremos un Cuadro de Mando Integral
d) Estructuraremos un Plan de Comunicación.
e) Haremos una buena publicidad de todo, tanto interna como externa.

- De acuerdo Leloit, ahora a trabajar, yo tengo que hacer un viaje a Sudamérica. Cuando vuelva quiero tener un primer borrador de todo esto...

113

- Ok, - afirmó con contundencia el Consultor Leloit. - Nosotros ¡a trabajar! - ¡No sabía nada este Leloit!

Deleite había conseguido aumentar sustancialmente la producción de la Planta de Kemasdá, eso era muy importante para él dado los bajos costes que suponía fabricar "allí". Ahora tenía que dar un "cuarto de vuelta a la rosca". Quería aumentar la producción un cincuenta por ciento., Tenía que cerrar una fábrica en su país y trasladar la producción. Hay que ver esto de la "globalización" lo que da de sí...

El Virrey selvático de Kemasdá, Koca Alnás, recibió con un fuerte y sudoroso abrazo a Deleite. Una vez aposentados en la amplia terraza de viejos y roídos muebles de junco y situado frente al único ventilador, comentó con aparente mala gana
- Bien señor Deleite, la cosa está muy mal, no podemos conseguir más personal, los vertidos al río ya están produciendo muchas muertes de animales (como si le importase algo) y los de Green Peace están al acecho... ya me entiende, ¿no?
- Bueno, pero no será nada que no tenga arreglo... ¿no? - preguntó con cierto retintín Deleite, dando por supuesto que "rascándose la cartera": ¡hasta el piojo se ducha!". Y prosiguió de forma directa como a él le gustaba tratar "estas cosas". - ¿De cuánto estamos hablando?
- Ustedes los europeos todo lo arreglan con dinero... sólo piensan en los euros...
- Entonces ¿no es cuestión de dinero? - preguntó sorprendido Deleite
El Virrey Koca Alnás, pasó su sudada cabeza varias veces frente al sufrido chorro de aire del ventilador mientras decía casi en un susurro, pero que Deleite entendió perfectamente: "tres... millones... y medio"
- ¿Cómo?
- Tres millones... y medio de... Dó-la-res... – remarcó Koca Alnás
- ¡Pero eso es casi el doble de lo que estamos pagando ahora!
- Si, pero ahora somos más a repartir... ya me entiende... el circulo se amplia y se amplia...
- ¿Qué quiere decir con que "el círculo se amplía..."?

- En su país saben que usted está produciendo en esta selva... y en unas condiciones muy especiales... otros fabricantes quieren instalarse en la zona, y no hay mano de obra para todos... ¿me sigue?
- Sí... más o menos...
- Pues eso... alguien en su país tiene que denegar la salida de capital para invertirlo en esta zona.
- ¿Alguien de mi país?
- Sí claro... alguien de su país... alguien importante...
- ¿Alguien importante? ¿Cómo quién?
- Quien, es lo de menos, por ahora... pero para su tranquilidad es un político muy importante... y muy honrado...
- ¿Un político ha pedido dinero por esta gestión? ¿Un político honrado?
- Bueno, dice que no es para él, que es para una "causa justa..."
- ¿Para una causa justa?
- Sí, me dijo que era para su "partido político"... ¿Quiere causa más justa?
- ¡Lo que me faltaba!
- Bueno señor Director ¿le interesa la oferta?
- Tengo que pensarlo...
- Tiene hasta mañana a las diez, señor Director General...

Deleite estaba "cogido" y lo sabía ¡estos políticos! ¡Caguen...!
Eran las once de la mañana y Deleite y el pequeño Virrey, ya habían acordado la fórmula para pagar los consabidos tres millones y... Toda la trama estaba montada: testaferros, empresas fantasmas, paraísos fiscales...
Deleite volvió a su casa con un evidente cabreo. - "Que se han pensado, ahora solo faltaban los políticos... ¡menos mal que no todos son iguales! Pero ..¡este se va a enterar! A mí no me chantajea ni...

Aquella semana los Consultores habían trabajado duro. Ya tenían los primeros bocetos de la Misión, Visión y Valores. Proponían hacer unos cuadros bien elegantes con las inscripciones correspondientes y colgarlos en los lugares más visibles de la empresa.
- Veamos que te parece la idea, - comentó el Consultor Leloit.

MISIÓN

- Proveedor de soluciones innovadoras, basadas en la alta tecnología.
- Satisfacer las necesidades de nuestros clientes superando sus expectativas

---

VISIÓN

- Ser líderes en el mundo en la automatización de procesos industriales en base a programas informáticos.

VALORES

- Las personas como valor fundamental.
- El trabajo en equipo.
- La honestidad.
- Compromiso con la sociedad.

- Muy bien, ¡fantástico!, - se entusiasmó Deleite. – Pero en Valores os habéis dejado el más importante.

¡Cachis! - A Leloit, casi se le "vuela" de las manos el "ratón" (mousse") de su portátil. - ¿Sí? Deleite ¿Cuál?

- Pues el más importante, parece mentira que como Consultores ¡y muy caros! no lo sepáis...

Leloit, tragó saliva. "Este tío, pensó, ¿qué se le habrá ocurrido? Además qué sabrá él, sin no tiene ni idea de estas cosas..."

Se hizo un profundo silencio. Al fin salto Deleite:

- ¡El trabajo! ¡El esfuerzo! Eso es lo más importante, sin esfuerzo, sin sufrimiento no se consiguen cosas importantes... ¿O no? De lo demás podemos prescindir, que si "trabajo en equipo" que si "compromiso con la sociedad". Eso son cosas accesorias...

- Claro - prosiguió Deleite, - como vosotros los Consultores venís por aquí, hacéis cuatro cartelitos y cuatro "chorraditas" y ¡a cobrar! Pero todo no es así, ¡aquí en esta empresa se trabaja!

Leloit estaba "acoquinado". ¡Cómo se me habrá pasado!

- Tienes razón Deleite... si además lo comentamos... ha sido un fallo de última hora. ¡Trabajo, esfuerzo...¡está claro! Es lo más importante, lo demás es accesorio... ¡totalmente de acuerdo! (¡no sabía nada este Leloit!)

- Bueno vayamos a lo práctico, - zanjó Deleite, - voy a llamar a Rosa Flores la jefa de Recursos Humanos que ya conocéis, y os sincronizáis para poner en marcha "todo esto". ¡Ah! Una cosa más. Esto hay que colgarlo en todas las zonas más visibles. Sobre todo con unos buenos marcos y con una calidad de impresión "top" de "top". ¿de acuerdo? Aquí no se repara en gastos...

- Habíamos pensado, - comentó Leloit con cierto temor, - que si a ti te parece bien ¡claro! Someter estas ideas a los directivos y jefes, por si ellos creen oportuno hacer alguna aportación... o saber su punto de vista..

- ¡Deja, deja Leloit!, no estamos ahora para que esta gente pierda el tiempo en estas cuestiones, para eso os pagamos a vosotros, para que hagáis "este" trabajo, y los jefes a lo suyo que es trabajar y hacer que trabajen y rindan al máximo los obreros.

- De acuerdo, de acuerdo Deleite... ¡yo también pienso como tú! Cada cuál a lo suyo... (¡no sabía nada este Leloit!)

- Bueno Deleite, la semana próxima ya podremos avanzarte algo sobre algunos de los otros temas...

- De acuerdo Leloit. ¡y seguid en esta línea! ¿vale?

- ¡Faltaría más!

"Con la "pasta gansa" que te va a costar... - pensó Leloit."

La jornada se había alargado como de costumbre. Deleite había estado "apagando fuegos" todo el día. A él le gustaba controlarlo "todo", no como a su amigo Luis Triunfin que con su agenda *Time Assistant, le decía que se organizaba de tal manera que le sobraba tiempo hasta para ir al gimnasio ¡todos los días! - "Ya veremos ahora en su nuevo puesto de que le sirven las teoría de J.J. y su Sistema de Organización Time Assistant."

* Time Assistant es un eficaz sistema, tipo agenda, de gestión del tiempo que permite gestionar en su totalidad y con éxito todas las actividades de cualquier directivo o persona con necesidad de priorizar y dirigir por objetivos. Diseñado y registrado por Formark Consultores-Oviedo – ta@timeassistant.com

Liado con estos y otros pensamientos, había llegado a su casa, miró su reloj, marcaban las nueve treinta de la noche (p.m. claro) Apagó su "treintaitantosavo" cigarrillo, suspiró y se dirigió al ascensor...

Otra vez tendría que enfrentarse a Diana... pero lo realmente cierto, es que lo sentía por su hija, ya que la verdad sea dicha, la quería muchísimo, pero también es cierto que casi no la veía y si lo hacía, era cuando la "pobrecita" estaba dormida.

Diana, ya había superado la situación. Estaba convencida de que Deleite no iba a cambiar, y evidentemente no se equivocaba. Su marido tenía un Guión de Vida muy arraigado. En lo más profundo se su cerebro estaban incrustados los claros mensaje que había "percibido" en su infancia y que difícilmente le permitirían ver otras opciones de conducta por mucho que las actuales le supusiesen sacrificios y "malos e inútiles rollos". Pero él, por supuesto no lo veía así.

El ser humano, en la mayoría de las ocasiones es quien menos sabe sobre él mismo, y su propio cerebro es el que se ocupa de proporcionarle excusas en forma de "argumentos racionales" para no cambiar. Podemos afirmar pues, que en estos casos es nuestro propio cerebro quien nos engaña.

Una vez que Deleite hubo visto, dormidita eso sí, a su hija, Diana le entregó una carpeta.

- ¿Qué es esto? - pregunto extrañado Deleite.

- Son los "papeles" para la separación, - contestó secamente Diana

- ¿La separación? - salto furioso Deleite, - ¿pero tú está loca o qué?

- Hasta ahora sí... – respondió con aplomo Diana

A Deleite se le vino el mundo encima. Y ahora, tendría que dejar a la familia de banqueros Bontinez... ¡menuda jugada!

Deleite intentó convencer a Diana de aquello de una "segunda oportunidad" y tal... pero su poder de convicción se estrelló con la firme convicción de Diana.

– Es mi decisión y no me volveré atrás... entonces pues, hagamos las cosas sensatamente y a partir de ahí, sigues haciendo tu vida...

No fue fácil para Deleite tener que desconectarse con la familia de Diana, sobre todo con León Bontinez, el "gran patriarca" como le gustaba llamar. No obstante, su hija sería una buena razón para mantener la conexión con un personaje tan importante. Además... les unían tantas cosas... la idea del esfuerzo... los beneficios...En fin ¡una pena!

Este fracaso familiar, hizo que Deleite se centrase más que nunca en su trabajo. Lo había pasado mal. Al día siguiente un fuerte dolor en el pecho le había asustado, pero se tomó una Aspirina y parece que se le pasó, dos horas más tarde ya no se acordaba del "incidente" (¿o aviso?)

La empresa tenía problemas de productividad, la competencia "apretaba" y últimamente había tenido que hacer uso de la "ingeniería financiera" para que sus informes apareciesen como "aceptables".

Su asesor financiero le aseguraba que estaban quemando los últimos "cartuchos"

- Yo no puedo hacer más, o se aumenta la producción o se reducen los gastos. Tú veras, pero tenemos "oxígeno" para este ejercicio.

Deleite volvió a reunir a su *staff,* como no, para darles la enésima "bronca".

- Llevamos dos años sin invertir en I+D, la formación del personal es nula,

- se quejaba el Director de producción, Pedro Durometal

- Los mejores vendedores se han ido a la competencia. Les anulamos los incentivos, les obligamos a un horario fijo y dejamos de darles formación ¿qué quieres? Así no se retienen a los buenos profesionales. – remachó el Director de Ventas

- En la plantilla hay un elevado grado de desmotivación, - comentó Rosa Flores. - No les hemos dejado hacer ningún "puente" y le hemos quitado la jornada intensiva del verano, y esto es un error, porque las personas saben agradecer cuando la empresa les da algo, pero también saben retraerse y dar "lo justo" cuando no nos mostramos precisamente generosos...

- Bueno, ¿pero qué pasa? ¿Es una rebelión? - saltó Deleite, - mi propio equipo criticando lo que yo hago... ¡que sabréis vosotros de lo que hay que hacer en una empresa! Si tan buenos sois ¿por qué no os han elegido a vosotros como Directores Generales? Lo que sucede, es que vosotros sois igual que todos...¡solo pensáis en cobrar! Si se trabajase más, las cosas seguro que irían mejor... y de eso ¡vosotros sois los culpables!

La reunión terminó como el "rosario de la aurora". Mal, muy mal estaban las cosas... Deleite se daba cuenta que se le había escapado el "proyecto" de las manos. "Con estos incompetentes, no puedo ir a ninguna parte". Lo tenía claro, tenía que buscar una solución. Veamos que podría proponer a su consejero Delegado, sin que se notase mucho la situación:

* Cambiar todos los mandos   → Imposible. Mucho coste.
* Invertir en I+D   → Imposible, ya no estamos a tiempo
* Endeudarse   → Imposible, seria desprestigio y riesgo.
* Asociarse   → Factible
* Integrarse en un Grupo   → Factible
* Venta "disfrazada"   → Relativamente factible

Las dos opciones "factibles", eran muy similares. Deleite se reunió con "él mismo", y una vez analizados los pros y contras, tenía claro que lo que le convenía "a él", era "integrarse" en un grupo potente. Dada la situación financiera esta integración sería más bien una "absorción" por parte del grupo más potente.

Lo que realmente debia negociar, era que cara al exterior, no quedase como una absorción sino como una "asociación para generar sinergias". Eso quedaba muy bien, lo había aprendido en su "master" y hasta podía ser "creíble".

Sí, eso le había quedado redondo, una asociación para "generar sinergias".

Bueno, ahora tenía tres prioridades. Una, encontrar el Grupo conveniente para la operación, dos, convencer al Consejero Delegado de la "bondad" de la propuesta y tercero, preparar su futuro, una salida más que digna de la empresa.

Lo tenía claro, antes de que esto se hunda o parezca que va mal... yo... ¡colocado! Lo tenía claro... muy claro...

Además pensó, "todo esto que estamos haciendo con los Consultores de Mylonging Training, servirá para dar una buena imagen a los posibles nuevos socios. ¡Manos a la obra!"

Lo primero, contactar con un buen *broker* y preparar una buena auditoria (*neu diligency*, o algo así)

"Veamos... que tecla puedo tocar..." Deleite se acordó de pronto de... ¡el político! Este va a tener que devolverme el favor. – pensó, o más bien "tramó".

A Judas Bueno le convenció con cierta facilidad. Lo más duro fue lo del Consejero Delegado Braulio Conejero. Lo del político, coser y cantar.

- O te pones de mi lado y colaboras con tu influencia... ¡o canto lo de Kemasdá!

El político en cuestión, sonreía. Era una sonrisa muy "especial"

- Bien amigo Deleite, ya tienes la auditoria supervisada por la "autoridad competente", ya tienes el contacto con el grupo que se va a interesar por tu empresa. No te preocupes, te harán una buena oferta. Quedarás muy bien frente al Consejero Delegado, que tanto te preocupa. Por cierto, ¿qué piensas hacer una vez se haya consumado la operación?

- Como veo que ya está todo "encarrilado", empezaré a pensar en dirigir otra empresa. Ofertas no me van a faltar...

- ¿No te interesará, hacer de consejero Delegado de una empresa grande?

- ¡Comooorrrr! Ejemm, bueno, tal vez... – se hizo el interesante Deleite

- Bien, si cambias de opinión... yo podría...

- No, si no he dicho que no me interese... además tratándose de ti... pues eso... estoy dispuesto a escuchar ¿de qué se trata?

- Se trata de la empresa Sukumbesa... ya sabes treinta mil empleados... y todo eso...

- ¿Pero lo dices en serio?

- Claro, Sukumbesa lleva más de dos años sin Consejero Delegado ahora tienen que tomar decisiones muy importantes y es necesaria esta figura. Un buen amigo mío que está "sentado en el consejo" y maneja la mayoría, me ha pedido que si le podía recomendar a alguien...

- Oye, pues cuenta conmigo, "esta vez no se me escapa" - pensó Deleite

- Mira, pues ahora mismo le llamo y le digo que he hablado contigo y os ponéis de acuerdo para negociar tu incorporación ¿de acuerdo?

Deleite salía eufórico del despacho del político. - Si es que lo tengo comiendo en mi mano...

- Uff!!! ¡Por los pelos!, - Lo cierto es que Moobingtronik estaba peor de lo que parecía. Tenía "vida" para unos meses y Deleite había sobrevivido al desastre.

Aprovechó un fin de semana para recoger sus pertenencias personales, estuvo a punto de "agenciarse" uno de aquellos bonitos carteles que habían colgado los de Mylonging Training... – "¡Va... ¡menuda payasada!" Bueno ¡ chao, ahí os quedáis! ¡Pobrecillos...!

De algo tienen que servir los Masters y las enseñanzas de los Gurús. Y para postre ¡consejero Delegado de Sukumbesa!

- Hola Luis, - Deleite no había podido resistir la tentación de visitar a su amigo Triunfin. Y ahora de "igual a igual". - Bueno, ¡ya te he cogido!

    - No entiendo...
- Si hombre... ¡de Consejero Delegado a Consejero Delegado!

- ¡Ahh! Es eso... bueno, pues ¡enhorabuena Deleite!. Me alegro de tu nueva responsabilidad. Tú estás preparado para eso y mucho más...

- Bueno, la verdad es que el puesto de Director General, me venía algo pequeño... que tampoco estaba nada mal... pero esto es otra cosa...

- Bueno, como todo, es un trabajo como otro, sin más...
- Si, pero se gana un montón de pasta y tienes más poder...
- Qué ¿te has leído el libro que te regale? - cambió de tema Luis Triunfin

- ¿El de J.J.?, pues la verdad es que no he tenido tiempo, pero vamos, tú ya sabes que yo no comulgo mucho con esas teorías... y como ves... no me va tan mal...

- Y tú ¿qué estás leyendo ahora? Porque tú siempre estás leyendo algo...

- Sí, estoy leyendo la vida de un cocodrilo... muy interesante por cierto.

- Cocodrilos... ¡que cosas tienes! Además para más "inri", me he enterado que has puesto a una mujer como Directora General. Perdona, pero tú estás un poco "desmadrado"... pero tú mismo... ¡ya te lo encontrarás...!

- Eso espero.
- Pues yo, ya ves, apuntando para arriba...

- Si ya veo, ya veo... – Luis Triunfin había estado en todo momento al corriente de todas las "peripecias" de Deleite y "su" empresa. También sabía que nadie había llorado su marcha...

- Bien Luis, pues mañana me incorporo a mi nuevo despacho, ya me vendrás a visitar un día de estos, tú siempre serás bien recibido. Aunque me imagino que querrán hacer una presentación por todo lo alto.

- Una presentación ¿de qué?, - preguntó Luis Triunfin algo despistado

- Si hombre una presentación mía a la prensa y a las fuerzas vivas del país, como la que te hicieron a ti ¿recuerdas?

- ¡Ah! Ya no me acordaba...

- Bueno Luis, ha sido un placer...

- Me alegro mucho de lo tuyo... no obstante... yo iría con pies de plomo en esa empresa. Ten cuidado, igual no es oro todo lo que reluce... asegúrate antes de tomar decisiones...

- ¡Qué dices Luis! He revisado todos sus balances.. ¡perfecto! Nada que objetar...

- Vale, vale... yo ya te he avisado... ¡Suerte!

Deleite salía eufórico del despacho de Luis Triunfin.

- Este me va a dar lecciones a mí de lo que tengo que hacer... yo creo que me tiene envidia... Que si "ten cuidado", que si "tal o cuál". Pero si a mi lado es un "pipiolo"... Yo lo tengo muy claro, porque yo siempre saco conclusiones de la vida... y Deleite repasó algunas de estas:

- El que vale, vale. O sea: yo.
- Algunos Gurús, no tienen ni idea de lo que es una empresa.
- Hay que exigir más a los empleados. (insisto)
- No te puedes fiar ni de tu propio equipo.
- Las mujeres, sirven para lo que sirven.

16

¿JUBILADOS PARA SIEMPRE?

Los cocodrilos, si de algo pueden presumir es de tener unas sobradas dosis de paciencia. Si por esta característica fuesen considerados, sería una de las especies animales que merecerían estar en los altares (del Reino Animal, claro) Lo decimos por aquello de "tiene una paciencia de Santo".

Cuestiones teológicas al margen, nuestros ¿amigos? *Falda* y *Bolso*, habían dado una buena muestra de ello. No habían dicho "esta boca es mía", y no será por falta de "ella" no... estaba visto que tener una boca tan grande no es sinónimo de "bocazas". De éstos, los hay con menor boca...

El uniformado empleado del aeropuerto, se acercó con disimulado temor a los cocodrilos, allí estaban con destino a... leyó en su "hoja de ruta" El zoológico Muchovicho.

Muchovicho era un zoológico recién estrenado. Las autoridades locales, autonómicas y nacionales, habían "negociado" durante cinco años, su conveniencia, durante cuatro, su "ubicación" y durante tres su "construcción".

¡Por fin! El país o estado, la región o nación y la ciudad o ciudades, ya tenían su zoo. La verdad es que había costado lo suyo, sobre todo a los contribuyentes, que habían tenido que "apoquinar" pasta gansa para pagar no sólo su faraónica construcción, sino que previamente se habían encargado a varias consultoras catorce estudios de viabilidad, nueve exploraciones de conveniencias, seis protocolos de conectividad y "porfimetrías" (este nombrecito, nadie sabía de qué se trataba pero era el más caro) otras seis de impacto ambiental, cuatro de impacto social, cuatro de "termometría y sostenibilidad preyánica ¿? Y unas cuantas más (unas veinte, se comenta) todas necesarias e imprescindibles, según afirmaciones del señor Penacho de la Bolsa hombre fuerte del Partido Político que da apoyo al Gobierno.

El señor Penacho de la Bolsa, era miembro de la comisión de seguimiento y control de la obra y ya se había encargado de contratar las constructoras más "convenientes" para garantizar la buena marcha del Proyecto.

Dos grandes Constructoras avalaban con su nombre y el de sus Presidentes la magnitud de la obra. Bien es cierto, que estas la subcontrataron a diez constructoras más pequeñas, que la vez subcontrataron a un promedio de cuatro cada una, las cuales fueron subcontratando por especialidades constructivas, "que es lo mejor". Pues el movimiento de tierras por aquí, los fundamentos por allá, la electricidad para este que es de confianza, lo otro para aquel que es amigo de siempre y me puedo fiar... bueno... ¡trabajo para todos! Y además todo muy transparente, sobre todo ¡manos limpias!

¿Y la inauguración? ¡Un éxito oiga! Allí estaban "todos". Bueno, todos los políticos y gente del famoseo ¡la de fotos que se hicieron! Hay que ver, que afición a la fotografía, o más bien a "salir en la foto".

De los "otros", de los" normalillos", la gente del pueblo", para entendernos ¡ni uno solo!

Champaña francés, cava catalán, jamón de bellota, pero no de cualquier bellota, no... lo dicho, todo muy bueno (de lo más caro) en fin ¡mucha burbuja!

Pues allí que iban a residir nuestros amigos Falda y Bolso. Bien, no podían quejarse. En primer lugar los habían acomodado en la misma "charca". Los biólogos de aquel zoo eran verdaderos profesionales y tuvieron la suficiente "sensibilidad" y conocimientos, para comprender que aquella pareja de cocodrilos debían convivir juntos por siempre.

Una buena "balsa" de agua, comida fresca todos los días... ¡no estaba mal no!

Y así habían pasado los días. Centenares de personas visitaban diariamente el zoológico de Muchovicho, y los fines de semana ¡ni te cuento!

La espectacularidad de *Falda* y *Bolso* era una de las atracciones del zoo. Sus enormes dimensiones, su peculiar y bello color negro azabache y negro con motas verdes "selváticos", los hacia atractivos a la mirada de los visitantes. Además, *Bolso* añadía una curiosa variedad al espectáculo. En la charca unas cotorras se habían percatado de la bondad de *Bolso* y solían posarse sobre su lomo. Acostumbrado como estaba a pasear sobre su cogote a la cacatúa *Rosaura* cuando "residía" en el río de Akitoy, no le supuso ninguna molestia, y lo que hacía en esta ocasión, era darles un paseo por la charca con la sorpresa y risas de los "espectadores".

Aquel era un día de finales del mes de junio, era un día de fiesta en el país.

Como hemos comentado, las familias al completo solían aprovechar para salir fuera de la ciudad. Hay que ver, que afición a emigrar todos a la ciudad, y una vez conseguidas las hipotecas correspondientes que les garantizaran unas estrechas y cordiales relaciones durante treinta años (o más) con una "prestigiosa entidad de ahorro" y amueblado el pisito, todos pendientes de la menor ocasión para huir de esa ciudad. Qué cosas ¿no?

La gran charca de los cocodrilos era una de las más visitadas y admiradas. Como medida de seguridad la charca estaba protegida por unas gruesas "telas metálicas" de suficiente y amplia "trama" para que los animales pudiesen ser observados sin demasiada obstrucción visual. Se pretendía, no solo evitar algún probable ataque de los cocodrilos, sino la caída de alguna persona al agua dado que había una zona donde la charca tenía bastante profundidad.

De pronto se oyó en torno a la charca unos enormes chillidos... ¡alguien acababa de caer al agua! Los chillidos se convirtieron en un dramático silencio... una niña chapoteaba en el centro de la charca intentando no hundirse, pero el más que sepulcral silencio se produjo cuando observaron que el cocodrilo que estaba semidormido en la orilla al otro lado de la charca, se lanzó como un cohete al agua en dirección a la niña que ya definitivamente se estaba hundiendo. A la vez que la niña desaparecía el cocodrilo se sumergió bajo el agua. Nuevos gritos de terror y un enorme silencio. Fueron unos segundos de angustia y alta tensión, el cocodrilo y la niña estaban bajo el agua. ¡Dios mío! Algo estaba emergiendo del agua. Al principio era solo una sombra, poco a poco fue haciéndose visible... el cuerpo de la niña. ¡Oh! La niña estaba justo encima del lomo del cocodrilo, éste se fue acercando a la orilla portando a la niña donde le esperaban unos empleados del zoo que por fin habían sido avisados y conseguido entrar en el recinto.

Los empleados sacaron rápidamente la niña... una joven señora llegó corriendo y entre sollozos se abrazó... ¡era su madre!

Tumbaron a la niña sobre una toalla en el césped. Estaba bien, solamente había tragado un poco de agua. La Dra. Cruañas responsable médica del zoo Muchovicho le preguntaba a la niña.

- ¿Cómo te llamas guapa?

- Alexandra - respondió la niña con todo desparpajo.

- Alexandra, ¿qué más?

- Musso Bontinez...

- Yo soy Diana, su madre, gracias Doctora.

- Dele las gracias a *Bolso*

   - ¿A *Bolso*?

- Sí a *Bolso*, es como se llama el cocodrilo que acaba de salvar a su hija.

- No sé cómo ha podido caer al agua. Estaba junto a mí y mientras saludaba a una amiga ha desaparecido y caído al agua... además yo estaba confiada pues hay una "malla" metálica de seguridad – se justificaba Diana la madre.

La doctora miró al empleado responsable de aquella zona del zoo, mientras murmuraba. – Esto ya lo decía yo... sabía que pasaría.

Alexandra ya se había secado sus ropas y se iba de la mano de su madre, esta le iba recomendando - Cuando veas a papá, no le digas nada de lo que te ha sucedido, ya se lo explicaré yo ¿vale?

- Vale mamá. Yo quiero ir a ver a *Bolso*... ha sido muy bueno conmigo, y quiero ser su amiga...

- Ahora mismo vamos a ver a *Bolso* y a darle las gracias...

La charca estaba rodeada de una gran multitud de personas, todas comentaban el "incidente / accidente". Las que no lo habían visto, dudaban que la historia que les contaban fuese cierta. Pero eran muchas personas las que avalaban la veracidad de lo acontecido...

A Diana y Alexandra les permitieron acercarse a los cocodrilos desde un lugar especial por donde entraban los empleados del recinto para cuidarlos, *Bolso* y *Falda* estaban tranquilos el uno junto al otro en la orilla de la charca.

- Gracias *Bolso* - le decía Alexandra mientras le saludaba con su manita.

Diana no pudo evitar que unas brillantes lágrimas se deslizasen por su mejilla. Eran unas lágrimas de tristeza, por lo que hubiese podido pasar, y a la vez de alegría y agradecimiento por el desenlace y la actuación de *Bolso*. Posiblemente las lágrimas de los cocodrilos en muchos casos también tengan alguna mezcla de sentimientos... Las lágrimas de Diana no eran unas "lágrimas de cocodrilo", pero sí unas lágrimas "para" los cocodrilos.

Mientras la doctora, recriminaba al responsable del área de los anfibios y reptiles. - Yo ya dije que el tejido de la malla de protección era inadecuado, un niño puede "colarse" sin demasiada dificultad. Esa malla incumple las normas internacionales de seguridad en cuanto a protección...

- Mire, en este zoo se han vulnerado tantas normas de seguridad, que si se revisasen, debería hacerse uno de nuevo.. Si yo le contase...

Lo cierto es que la fama de Bolso, debida sobre todo al incidente con Alexandra, había llegado a las más altas esferas de la cuestión política. La oposición "montó" una sesión especial en el parlamento de la nación, nacionalidad o región correspondiente, interpelando al gobierno por su "falta de sensibilidad" ante hechos de aquella naturaleza.

El político Penacho de la Bolsa (aquí, muy a su pesar estaba en la oposición) defendió con ardor y espíritu humanista el amor por los animales...

Tras cinco horas de intenso debate, se aprobó la moción, el cocodrilo de nombre *Bolso* de la raza Yacaré, sería homenajeado y se le impondría la Gran Cruz al Mérito del Valor y la Solidaridad.

De las cinco horas de debate cuatro y media se dedicaron para decidir si se le imponía un "fajin" o se le "colgaba" la medalla. Dadas las evidentes dificultades tanto para el fajín ¿Cómo se le ponía? Además se le mojaría rápidamente y lo arrastraría por el fango... como para la medalla, ya que debido a la dureza de la piel de cocodrilo el político de turno se vería en importantes dificultades para "colgársela" y en caso de hacerlo el pobre animal ¿debería sufrir el correspondiente pinchazo?. Lo de pegársela con cola también fue descartado ya que ésta podía contaminar las aguas de la charca... en fin grave problema el que se les planteaba a sus "señorías". Para que después digan que eso de dedicarse a la política es cosa fácil...

El acuerdo final fue crear una comisión de estudio, que con el asesoramiento de una consultoría experta en "Riesgos Laborales", (no dejaba de ser un riesgo para el "impositor" de la condecoración) que se escogería a través de un Comité de expertos que trabajaría "ad hoc" y determinaría lo "más conveniente".

Había llegado el día de la condecoración a *Bolso*. El día anterior el zoo de Muchovicho fue cerrado al público, más de doscientos miembros de la seguridad del estado, policía autonómica, local y para completar el "tema seguridad" Penacho de la Bolsa, que no se le escapaba una, "recomendó la contratación de una empresa de seguridad privada que aportó (previo pago) treinta especialistas en actos de similar naturaleza y alto riesgo. Todos, inundaron el recinto husmeando cada rincón y tomando las medidas preceptivas de seguridad para que las autoridades "competentes" ¿? no sufriesen altercado alguno.

Bien, todo estaba en orden. Lo cierto es que a *Bolso* nadie le había comunicado nada, él a lo suyo, como si tal cosa.

Eran las once cincuenta de la mañana (a.m.) Todo estaba dispuesto, los coches oficiales empezaron a llegar a eso de las once y cuarto. ¡Pero cuanto coche señor! Nadie podía imaginar tanto coche "oficial" y todos con su chofer... y algunos además con su correspondiente guarda espalda y tal... De verdad, muchos más coches que ministros... ¡pero muchos más!

Los visitantes de "a pie", habían ido llegando a "su hora", no en balde la inauguración se había anunciado a las once de la mañana (a.m.) Los que pretendieron llegar en coche tuvieron que aparcar dos kilómetros antes de llegar al zoo ¡menuda caminata oiga! Todo, claro está por motivos de seguridad.

Bien, con sólo una hora de retraso llegó la máxima autoridad. Entre vítores y silbidos (que de todo hubo) siempre muy sonriente se dirigió el séquito al lugar del "condecoramiento".

Al final, los expertos habían optado por un nuevo sistema de condecoración. Le impondrían "La Calcomanía al Valor"

¿De qué se trataba esta original condecoración? Pues unos importantes laboratorios habían hecho la propuesta. Habían desarrollado en un tiempo record una calcomanía que fijada en la piel del cocodrilo, simplemente proyectando sobre ella un "chorrito" de agua, ésta se adhería de forma instantánea y ya nada ni nunca la desprendería. ¡Chapeau! Cierto es que estos laboratorios hicieron "valer" (¡y de qué manera!) su invento, pero ante una cosa así (estaba en juego la integridad física del importante político de turno) se paga lo que haga falta...

El personal de a pie, se arremolinaba pegado a la verja que circundaba la gran charca en la limitada y escasa zona que les habían asignado. Todos querían ver como *Bolso*, aquel intrépido y maravilloso cocodrilo era condecorado por su singular acto de "inteligencia emocional" y valor.

Bueno, en estos casos ya se sabe, poco espacio y muchas personas que quieren ver el "acto". La máxima autoridad estaba dispuesta, toda la guardia y sistemas de seguridad en "máxima alerta". "De un cocodrilo nunca te puedes fiar", decía el Jefe de seguridad muy convencido de la peligrosidad del reptil.

La cosa tenía que funcionar de la siguiente manera: Prudencio Salvador, un funcionario del zoo que ya confraternizaba con *Bolso* se acercaría a éste y le colocaría justo en su frente la "calcomanía condecorativa" y posteriormente el señor político desde un lugar protegido y provisto de un sofisticado mecanismo que terminaba en una práctica "manguerita" remojaría a nuestro amigo el cocodrilo cual agua bendita caída del cielo y "voila" ¡cocodrilo condecorado! Si no fallaba nada, todo debía funcionar según los planes previstos.

Bolso está descansando (y pasando de todo) muy cerca de la orilla. Atención, Prudencio el empleado del zoo se acerca provisto de la singular calcomanía... el político tenso...las cámaras empiezan a filmar y a disparar sus flases... tensión... de pronto el empleado queda paralizado... impresionantes gritos y un gran estruendo suenan y retumban en todo el zoo... ¡la verja acaba de ceder por la presión del enorme gentío! Muchas personas están a punto de caer al agua, *Bolso* se percata de lo que puede suceder, da media vuelta y se dirige al centro de la charca para intentar frenar la caída de la verja. La columna central que soporta toda la verja cede y está a punto de caer al agua. Su base de hormigón escasamente empotrada en el borde de la charca levanta un enorme haz de cables de ¡alta tensión! La columna cede un poco más y parte algunos de los cables justo dentro de la charca... *Bolso* lanza un gran rugido... *Falda* que lo estaba contemplando se lanza al agua, cuando está a punto de juntarse con *Bolso* un nuevo cable, este de mayores dimensiones, se parte en su totalidad y descarga miles y miles de watios sobre el agua... era un espectáculo infernal, y dantesco, miles de descargas cuál impresionantes cañonazos acompañadas de fuertes llamaradas. Parecía que todas las tormentas del universo se hubiesen dado cita en la charca del zoo. *Falda* siente que su cuerpo explota y cae justo encima de *Bolso*. Una impresionante humareda inunda la gran charca, la gente huye despavorida... por suerte nadie llego a caer a la charca... sólo *Falda* y *Bolso*... los dos juntos de nuevo y para siempre...

Prudencio Salvador estaba petrificado mirando cómo se evaporaba la gigantesca humareda de la charca... todos habían marchado... habían huido. El miedo guarda la viña. El miedo lo inunda todo, al rico y al pobre...

Prudencio pudo observar entre la humareda, los cuerpos de *Falda* y *Bolso* flotando en la hirviente agua de la charca, los dos juntos, como si estuviesen dando un paseo... un último paseo...

Prudencio estaba temblando, cayó de rodillas en la húmeda hierba, notó que una mano se apoyaba en su hombro, giró lentamente su cabeza, era Diana Bontinez y su hija Alexandra. Allí estaban…los tres... compartiendo llanto. Sus lágrimas eran por dos cocodrilos... Dos cocodrilos que habían dado un ejemplo de amistad entre ellos y entre los hombres.

Alexandra aún vivía gracias a la intuición, arrojo y "sentido común" de *Bolso*. Prudencio les había cogido cariño... "se hacían querer". Se limitaban a ser humildes. Nunca cogieron algo que no necesitasen.

Nunca es poco lo que es suficiente... Prudencio Salvador lo había aprendido de *Bolso* y *Falda*... dos ejemplos, de animales, pero... ¡dos ejemplos!

De poco sirvió ya que se descubriese el origen del "altercado" del zoo de Muchovicho. Que "son cosas que pasan". Que cada subcontratación en la construcción del zoo fue modificando el recorrido, la profundidad y los sistemas de asilamiento de los cables de alta tensión. Pasar los cables por medio de la charca, en vez de hacer el recorrido previsto y seguro, supuso acortar cuatrocientos metros de zanja, de cables carísimos... ¡el negocio es el negocio!

Sobre el altercado del zoo, al igual que sobre la charca de *Falda* y *Bolso*, "echaron tierra encima". La charca se convirtió en un "espacio verde", cuando aún se percibía el olor a chamusquina y muerte. Cuando aún los espíritus de *Falda* y *Bolso* intentaban elevarse hacia un mundo más justo. Más decente, ¿Una dimensión desconocida para el ser humano?

Días después del altercado los cuerpos de *Falda* y *Bolso* reposaban en el pequeño laboratorio del zoo. Sus cuerpos aún podían ser aprovechados para la ciencia ¿y también su piel? Sí, su piel también... negra azabache la de *Bolso* y negra intensa con más motas verdes la de *Falda*.

Sin duda la pareja de cocodrilos se habían significado en el tiempo que estuvieron en el zoo de Muchovicho por algunas cuestiones singulares:

- ☐ Comprendieron su "rol" en el zoo y actuaron en consecuencia.
- ☐ Dieron un ejemplo de multiculturalidad, no se pelearon nunca con otros habitantes del zoo.
- ☐ Hacían sentir bien a otros con sus "paseos" por la charca.
- ☐ Nunca hicieron ostentación de fuerza.
- ☐ Eran agradecidos con sus colegas y cuidadores.
- ☐ Supieron morir dignamente.
- ☐ Siempre habrá quien les recordará

17

EL FINAL BUSCADO O EL "SÍNDROME DEL FUMADOR"

Deleite estaba en el último piso del inmenso rascacielos. Nadie, siquiera físicamente, estaba por encima suyo.. bueno, el Consejo de Administración, pero sabiendo que en caso de "apuro" podía contar con el "colega" político Penacho... todo controlado.

Cuando preguntó al Secretario del consejo Amable Doncel, si harían una presentación oficial de su nombramiento, éste le respondió de forma cortés pero muy escuetamente, que "no" se haría, - "No es costumbre de la casa".

Era el primer día de su estancia "cerca del cielo". Estaba sentado en el confortable sillón de su presidencial mesa de caoba, sacó un cigarrillo dispuesto a fumárselo a "su salud" (vaya paradoja)

Al inspirar la primera "calada" (la buena, según los fumadores, como si hubiese "calada" buena) sintió una enorme opresión en su pecho, el cigarrillo le cayó de las manos... un sudor frío emergió por todo su cuerpo... su mano izquierda castigada por un intenso dolor que se extendía por todo su brazo hasta el hombro, hizo que fuese incapaz de recuperar su cigarrillo... a duras penas pudo oprimir el interruptor que conectaba con la mesa de su secretaria Pura Salvadora. Ésta solo oyó una especie de apagado rugido, entró rápida en el despacho y encontró a Deleite en una extraña posición en su sillón y a punto de caer al suelo. Pura se asustó, pero como era una mujer con muchos reflejos y coraje, se repuso rápidamente, se dio cuenta de la situación y actuó en consecuencia: lo tumbó en el suelo, desabrochó la camisa, humedeció un pañuelo y lo puso sobre la frente de Deleite, con una hoja de cartulina a modo de abanico ventiló en el rostro que había adquirido un tono más bien tirando a muerto que otra cosa. - "Inspire", "espire"... le iba marcando los tiempos Pura Salvadora... Poco a poco Deleite fue recuperando su color "natural"... se sentó sobre el pulido parqué, y posteriormente con la ayuda de Pura se sentó en su sillón. No aceptaba estar en el suelo, él no podía permitirse verse de aquella manera...

- De esto, ni una palabra ¿vale Pura?
- Pero señor Deleite, eso tenía toda la pinta de un infarto... debe ir al médico... si le parece yo misma le llevo... o si no, llamamos a una ambulancia...
- ¡Pero que dices! ¡Un ambulancia! Ni nombrarla... eso es para los enfermos... para los débiles... ¿entendido?

Pura se había quedado petrificada. En toda su dilatada vida profesional no había visto cosa semejante... y mira que en su puesto había vivido experiencias de jefes estresados y con comportamientos extraños, pero ante un infarto, el más guapo había "cedido". Pero no era el caso de su nuevo jefe. ¿De qué material debe estar hecho este hombre?

Deleite había necesitado más de dos horas para recuperarse, de hecho aún estaba algo mareado. -"Es por la emoción", se dijo para justificar el "chascarrillo". - Sí, eso es... estrés positivo, "eustrés", como le llamaba Luis Triunfin.

Por la tarde tenía reunión con Bastión Guerrero Cansado el Presidente del Consejo, un veterano ex directivo curtido en "mil batallas" en muchas empresas públicas y menos públicas. Bastión Guerrero Cansado, que en estos momentos de su vida ya hacía más ostentación de su segundo apellido que del primero, ya se sentía más jubilado que un teléfono analógico, como le gustaba a él presumir.

El Secretario del Consejo Amable Doncel venia cargado de carpetas.

– Son los papeles que tiene que firmar, ya sabe... contratos y todo eso...

Deleite aún estaba algo aturdido, - "Espero que no se me note nada raro", pensaba mientras firmaba y firmaba... venga ¡más papeles!

- Es que tanto tiempo sin mirlo blan... quiero decir sin Consejero Delegado, pues había mucho atrasado. La verdad es que muchas cosas me las han traído del ministerio de la embajada de no sé dónde... en fin, todo en regla...
- Gracias Deleite, - felicitó el Presidente del Consejo, - me parece usted un gran profesional... seguro que hemos hecho un gran fichaje...

- ¡Uf! Menos mal que hemos terminado... - Deleite se secaba el frío sudor de su frente y cuello mientras seguía persistiendo un ligero dolor en la nuca. - "Hoy sí que tendré que marcharme en cuanto pueda a casa, pondré una excusa..."

Mientras, el presidente Bastión y el Secretario Amable, salían del despacho de Deleite y se encaminaban al del Presidente. Abrieron la puerta, allí estaba esperándoles...
- Bueno, ¿qué tal? ¿cómo ha ido todo? - Preguntó el político Penacho de la Bolsa al verles entrar en el despacho
- Perfecto, - informó el veterano "Presi", - lo ha firmado todo. Estaba obnubilado con tanta firma.
- Ya os lo dije, este personaje es tan ambicioso que el "poder le ciega"
- Sí, parece más un político... perdón, perdón... – se disculpó el Secretario Amable, - era una broma...
- De mal gusto. – inquirió el político Penacho con cara de pocos amigos. - Bien, a lo nuestro. Ahora a esperar acontecimientos. Yo intentaré darle un respiro de cuatro o cinco meses... después que actúe la justicia...

Deleite llegó extenuado a su moderno *"loft"*. Se sentía mal. Nauseas opresión en el estómago.

Blanca Pulida era su ama de llaves, cocina, limpieza y etcétera. Era la que se ocupaba desde que se había separado de hacerle la vida lo más fácil posible, aunque "como no estaba nunca en casa", la señora no podía hacer más por él. "Este hombre está más sólo que un apio". – pensaba.

- Señor Deleite, ¡parece usted chino!

- ¿Qué me pasa en los ojos? - preguntó sorprendido, si a él lo que le dolía era el estómago y sus "aledaños".

- Es el color... ¡está usted amarillo!

Deleite se miró al espejo, - ¡Ondía!, es verdad, que cosa tan rara...

- Eso es del hígado, - sentenció la señora Blanca, - ¡Hay... tanto fumar y tanto "guisquecillo", si ya se lo decía yo... pero como usted no me hace caso...

- Esto no es nada Blanca, es que hoy he tenido un día muy agitado y estoy algo cansado y estresado, esto con un buen sueño se pasa... ahora me tomo un par de "pastillicas" y ¡a dormir como un angelito!

- Quiera Dios que sólo sea eso... le voy a preparar un buen caldito y un yogurt y pronto a la cama... y haga bondad que yo le veo muy desmejorado...

Deleite iba "tomando el pulso" a la empresa. Había hablado con la mayoría de jefes. El Director General era también nuevo en el puesto. Era un Directivo de "manual". Se limitaba a cumplir con lo establecido. No le veía Deleite con mucho futuro en la empresa.

- A este me lo cargo yo en cuatro días, como no se ponga las pilas lo tiene claro. ¡Pero si esta empresa parece una "casa de reposo"!. Todos van a su aire, trabajan menos que un "corta pinos" en el Sahara. Esto se va a acabar... ¡Se van a enterar de lo que es trabajar!

Habían pasado cuatro meses, Deleite tenía planes para cambiar la empresa de arriba abajo. Aún le faltaban algunos informes que debía facilitarle el Consejo de Administración. - No sé por qué tardan tanto en darme esa información...

En este periodo, Deleite no había ido sobrado de salud precisamente. Se había percatado que sus heces se parecían al petróleo, impregnadas de sangre de un extraño color negruzco. "Nada, alguna "fisurita" que sangra", se auto engañaba. También había perdido bastante peso, - "Mejor, la grasa es mala para la salud". Mientras, se negaba a hacerse un análisis de sangre como le aconsejaba a diario su "ama" Blanca.

Deleite no se prodigaba mucho en cuanto a la realización de viajes. Pero en su puesto de Consejero se sentía feliz. Aunque había cosas que le "olían mal" al margen de su frágil salud que le estaba dando "la vara" más de la cuenta.

Aquel soleado día, Deleite se sentía bastante bien. El día anterior había vuelto de un viaje. Mientras tomaba su "enésimo" café, le comentaba a su secretaría Pura, que había visto en el aeropuerto dos cocodrilos "inmensos".

- Parecían dos cocodrilos "asesinos", - enfatizó - suerte que estaban en unas jaulas bien reforzadas... ¡Dios me libre de esas fieras!

- Ay, Deleite, usted siempre tan crítico, a lo mejor a los pobres animales los han cazado en la selva y los llevan por ahí no se sabe dónde... a lo mejor no son tan fieros como parece... pues yo, sabe lo que le digo... ¡Dios me libre de "otras" fieras! Ya me entiende...

- Tú siempre metiéndote con los hombres... bueno, me voy a currar, que como bien sabes, tengo un montón de papeles...

Se encontraba con fuerzas para hacer cambiar muchas cosas en aquella Organización. En estas le llamó por el interfono su secretaria Pura.

– Si Pura...

- Hay aquí unos señores que quieren verle...

- No me consta que tuviese que recibir a nadie, y si no han concertado entrevista que vuelvan otro día...

- Es que son de la policía, - informó con voz de claro disimulo Pura

- Bueno… ¡y a mi qué! Ahora tengo mucho trabajo.

- Es que insisten... dicen que van a entrar de todas maneras... que usted mismo..

- Bueno, que pasen...

Pasaron y preguntaron... y preguntaron...

Deleite no entendía nada. ¿Por qué le habían hecho aquellas preguntas aquellos "polis"?

"Que no se pongan tontos, no saben con quién están tratando", - pensó, mientras se acordaba del político Penacho de la Bolsa. - Mira voy a llamarle ahora mismo, para ponerle en antecedentes. - Deleite llamó al "amigo" Penacho de la Bolsa. Su secretaría fue contundente. "El señor de la Bolsa, ha dado orden que no le pasen ninguna llamada que provenga del señor Deleite Musso Grande".

- No insista señor Musso, no le pasaré la llamada. Lo siento, buenos días.. ¡clic!.

- Pero ¿que está pasando aquí?, - se preguntó con un alto grado de inquietud. Un frío sudor inundó de nuevo su cuerpo. Ahora sí estaba asustado, se acordó del último episodio. Se puso bajo la lengua una pastilla que le había aconsejado el médico de la empresa a requerimiento de Pura. Al poco tiempo se sintió mejor, pero su estómago le seguía ardiendo, se le inundó la boca de saliva, tenía la sensación que se iba a ahogar. Se arrodilló (una postura humillante para él) y apoyó su cuerpo en el asiento de su sillón. Así permaneció unos diez minutos... El dolor y la angustia remitían. Menos mal que no se ha enterado Pura.

A diferencia de otros días, hoy Pura no le había dejado el periódico sobre la mesa de su despacho. – Pura, - llamó a través del interfono, - ¿Por qué no está la prensa sobre mi mesa?

- Es que no ha llegado todavía, - mintió Pura

- Pues la vais a comprar al kiosco más próximo... en diez minutos la quiero en mi mesa...

Casi no había terminado de pronunciar la última palabra, cuando apareció Pura Salvadora con toda la prensa bajo su brazo.

- Así me gusta, venga trae...

Pura le entregó el "fajo" de periódicos, se quedó mirando a Deleite, éste le inquirió con un gesto en forma de pregunta. Pura parecía que iba a contestar algo, pero se dio media vuelta y se encaminó rápidamente a la puerta para salir del despacho.

Pura miró su reloj. Había pasado media hora desde que entregó el "fajo" de periódicos a Deleite. Creía que era el momento de entrar en el despacho de su jefe.

Pura había leído la prensa y sabía de su contenido y las referencias que se hacían a su empresa y más concretamente a Deleite.

Abrió la puerta con sigilo. Deleite estaba con todos los periódicos abiertos y desparramados por su mesa y por el suelo. Tenía la cabeza entre sus brazos que apoyaba en la mesa.

– Deleite... - llamó con suavidad Pura.

Deleite no contestaba. Respiraba de forma alterada y movía la cabeza de un lado para otro.

- Deleite... - insistió Pura, - por favor... dígame algo...

Por fin Deleite levantó la cabeza de la mesa. Estaba demacrado, sudoroso... cogió una hoja de un periódico y la mostró a Pura..- ¡Esto es falso, es mentira! ¡Me acusan de algo que yo no hice...!

Pura lo sabía, pero también sabía que la ambición de Deleite le había llevado a aquella situación. Ella sentía lástima por Deleite. A pesar de sus aires de grandeza, para Pura siempre había sido un "pobre hombre", y finalmente un "chivo expiatorio".

Siempre hay a mano un chivo expiatorio para lavar la miseria de los más poderosos.

El Ministerio Fiscal había acumulado gran cantidad de pruebas. Eran decisiones firmadas de "puño y letra" por Deleite.

Las acusaciones no eran cosa baladí. Para empezar:

- *Atentado contra la salud pública*
- *Intento de soborno a un político.*
- *Tapadera para la introducción de grandes cantidades de droga.*
- *Blanqueo de dinero.*
- *Extorsión a pequeños proveedores.*

Se pedían cientos de años de cárcel aparte de indemnizaciones millonarias para los afectados. Incluido el honor de un político ¡Penacho de la Bolsa!

Todo lo había firmado en aquel fatídico "primer día de gloria". El día que subió a la cumbre del "sínodo empresarial".

Deleite había cambiado su lujoso *"loft"* por una oscura celda. Sus ajustados trajes de "raya diplomática" y corbata de seda natural, por una camisa y pantalón azules de un grueso y áspero tejido...

Unos golpes en la reja de su puerta le sacaron de su "inopia" depresiva.

- Tiene una visita, - le informó el atento policía.

- ¿Una visita? ¿Será mi abogado?

- ¿Vosotros? ¡no me lo puedo creer! ¿Qué, venís a reíros de mí? ¿A reíros de mi desgracia? ¿A reprocharme porque no os hice caso? ¡No necesito de vuestra compasión...! - Deleite casi gritaba sacando fuerzas de sus escasas energías de aquel castigado y enfermo cuerpo.

- Deleite... – le hablo con dulzura Luis Triunfin una vez que se hubo tranquilizado, - queremos ayudarte...

- ¿Ayudarme? ¿Ayudar a un fracasado? ¡Venga ya Luis!

- Vamos a intentar sacarte de aquí... al menos de momento - habló en esta ocasión J.J., y prosiguió, - sabemos que en el fondo no eres una mala persona, simplemente te has equivocado demasiadas veces... Escucha, sabemos que te han tendido una encerrona. Pero de momento no podemos demostrarlo. Vamos a utilizar todos nuestros recursos para que te saquen cuanto antes de aquí, y mientras, prepararemos tu defensa para el juicio ¿de acuerdo?

Deleite no daba crédito a lo que estaba oyendo. Allí estaban estas dos personas en las que nunca había creído, que siempre había tratado con menosprecio. Ellos, sólo ellos, Luis Triunfin y J.J., lo único que tenía en este mundo... porque sus padres ¿qué sería de sus padres? Seguro que morirían de vergüenza y de dolor...

- Deleite, - dijo Luis Triunfin, - hemos hablado con tus padres. Ellos saben que eres inocente, eso les ha tranquilizado bastante. Les hemos prometido que en una semana estarás en su casa de nuevo. Por lo tanto tienes que animarte y resistir. Mientras confía en nosotros...

Deleite lloraba como un niño. Ese niño que había permanecido "atado" y oculto durante tantos años...

Deleite estuvo diez días en casa con sus padres. Luis Triunfin y J.J. habían conseguido, no sin una importante fianza y responsabilizándose de que Deleite no huiría, que el juez le permitiese salir de la cárcel.

Ya se sentía bastante recuperado y Deleite decidió trasladarse, no sin la oposición de sus padres a su *"loft"*. No quería ser una carga para sus padres, ya eran muy mayores y tampoco estaban sobrados de salud, solo les había faltado esta "golpe".

Durante este tiempo, Diana su ex mujer, le había llamado cada día y le había llevado varias veces a su hija para que compartiesen el mayor tiempo posible. Circunstancia que no gustaba lo más mínimo al abuelo León Bontinez ¡qué vergüenza! ¡qué deshonra!

Deleite pensaba y pensaba... Todas las empresas en las que he trabajado funcionaban bien, eran empresas muy potentes, bien gestionadas... y de golpe... 'zas! - ¿Dónde he fallado J.J.?

- Eran empresas enfermas...

- ¿Enfermas J.J.? Ganábamos mucho dinero, eran empresas muy grandes...

- Deleite, esas empresas tenían el "Síndrome del Fumador"

- ¿El Síndrome de Fumador? ¿Qué significa...?

- Son empresas que aparentemente están bien, pero que sus actividades erróneas, acabarán pasándoles factura... igual que a un fumador...lentamente, pero sin pausa la salud "interna" se va minando. Esa "salud" que los directivos como tú no sabéis ver, y que va deteriorando la estructura empresarial "interna"... Pero un día todo eso sale... más pronto o más tarde, la salud se resquebraja... llámale corazón, llámale imagen, llámale pulmones, llámale clientes, mercado, finanzas... igual que al fumador.

- Eso del Síndrome del Fumador... Luis Triunfin lo sabe ¿verdad?

- Sí... Luis lo sabe, por eso él siempre se cuida en primer lugar de la "salud interna" de sus empresas, de lo más importante... es decir, de las personas...

- ¿ ?

Luis Triunfin y J.J. iban informando a Deleite de la marcha de sus asuntos con la justicia. Mal, muy mal estaban las cosas. Mientras, Deleite había desmejorado enormemente. J.J le insistía en que debía ir a que le visitase un médico.

- Mira, - le dijo un día J.J. - hoy voy a comer con la Doctora *Julia Servet, vente conmigo y así de paso que la conoces te distraes.

Fue la Doctora Servet con su poder de persuasión quien le convenció para que se hiciese unos análisis y unas placas.

- "Nada, eso es un momento. Te pasas mañana por mi consulta y hacemos las pruebas". Deleite accedió de mala gana..

La Doctora Servet llamó a J.J.

- J.J. tengo malas noticias. Tenemos que hablar cuanto antes.

J.J. le mostraba a Luis Triunfin el informe de la Doctora Servet, era desolador.

- Tenemos que conseguir su absolución cuanto antes... aunque al paso que va la justicia en este país...

Deleite se revolvía inquieto en la camilla del hospital. Estaba a punto de entrar en el quirófano. La verdad es que se sentía muy mal, y estaba dispuesto a todo antes de seguir con aquel sufrimiento.

Era una operación muy complicada: tres bypass y ver que se podía hacer con el cáncer de páncreas. Diana, Luis Triunfin y J.J. estaban junto a él. Deleite creía que no se merecía tanto.

En acto de "contrición" inusual en él en circunstancias "normales", Deleite intentó, de alguna manera, el que podía ser un acto de compensación por los desmanes que había realizado a lo largo de su vida. Pidió papel y un bolígrafo y de su puño y letra dejo constancia de su legado en caso de fatal desenlace. Donaba todos sus órganos para que pudiesen ser trasplantados a quien los necesitase. Diana, Luis Triunfin y J.J. fueron "notarios" de sus (de momento) últimos deseos.

Reconocía que había sido un "negrero" y un egoísta... la anestesia empezaba a hacer su efecto... todo se iba nublando... sus pensamientos... su vida...

Es muy fuerte que una persona tenga que morir para arrepentirse de su "modelo de vida".

No era justo ¿o sí? ¿Qué pensarían los que se habían aprovechado, (o al menos intentado), de Deleite durante tantos años? ¿O podemos pensar que la culpa de su proceder fue solamente suya?

En acto de "contrición" inusual en él en circunstancias "normales", Deleite intentó, de alguna manera, el que podía ser un acto de compensación por los desmanes que había realizado a lo largo de su vida. Pidió papel y un bolígrafo y de su puño y letra dejo constancia de su legado en caso de fatal desenlace. Donaba todos sus órganos para que pudiesen ser trasplantados a quien los necesitase. Diana, Luis Triunfin y J.J. fueron "notarios" de sus (de momento) últimos deseos.

Reconocía que había sido un "negrero" y un egoísta... la anestesia empezaba a hacer su efecto... todo se iba nublando... sus pensamientos... su vida...

Es muy fuerte que una persona tenga que morir para arrepentirse de su "modelo de vida".

No era justo ¿o sí? ¿Qué pensarían los que se habían aprovechado, (o al menos intentado), de Deleite durante tantos años? ¿O podemos pensar que la culpa de su proceder fue solamente suya?

La convalecencia de Deleite era muy dura. La operación había sido "muy complicada" en palabras de la Doctora Julia Servet. El diagnostico era extremadamente pesimista.

* Hemos utilizado el apellido Servet en homenaje a la grandísima figura del genial aragonés de Villanueva de Sijena (Huesca) Miguel Servet. (1.511-1.553) Ilustre teólogo, geógrafo, astrónomo y médico descubridor de la circulación menor de la sangre que fue quemado en Ginebra por orden de Calvino por predicar, defender y ejercer la libertad de pensamiento. Ver web: www.miguelservet.org

Deleite no fue informado en ningún momento de los "juegos malabares" que se habían realizado en su ya "ex" empresa.

Penacho de la Bolsa estaba limpio de toda sospecha de corrupción, además había aportado una buena cantidad de recursos a su "clan" político, y eso se suele agradecer, no deja de ser una forma de escalar peldaños en el "escalafón político".
  - "Este Penacho, llegará muy lejos... este "pica alto", ya lo veréis". – sentenciaba un colega de partido. Y parece ser que no se equivocó...

La morfina hacia cada día menos efecto para aliviar los intensos dolores de Deleite. Aún a pesar de su situación, todavía seguía lamentándose de su mala suerte, seguía culpando a "todos" de su situación, y reconocer su fracaso, le producía tanto dolor como aquel terminal cáncer que iba acortando su vida a pasos agigantados.

  - ¿Qué hice mal J.J.? - preguntaba Deleite desde su cama
  - Ahora no es el momento de recordar lo errores... todos cometemos errores.
  - Pero J.J. en el mundo de la empresa, todos buscamos lo mismo, yo no era una excepción... bueno... quizá Luis Triunfin esté hecho de una "pasta "especial... pero en general... lo primero y lo último son los beneficios... - Deleite intentaba, aún con voz cansina y con dificultosa respiración, justificarse. – Al fin y al cabo los directivos somos los que pagamos el pato... y los obreros no ayudan demasiado... siempre los tuve en mi contra... pero ellos no se esforzaban... no eran ambiciosos... todo lo tenía que hacer yo...
  - No Deleite no, - respondió J.J. con extremada calma, - tú no habrías hecho nada sin tus obreros como tú llamas. Nadie consigue una gran obra solo. Un edificio o un puente no lo construye un arquitecto, una batalla no la gana el almirante o el general... los importantes en una empresa son los obreros... los que hacen de "verdad" la obra... aquellos que nunca son condecorados o reconocidos. Yo he visto muchas placas en grandes obras donde figuran los nombres de los arquitectos, ingenieros o propietarios, incluso el personaje famoso que la inauguró, pero nunca una relación de los trabajadores que aportaron su esfuerzo, su sudor... y su vida en muchos casos... trabajadores algunos que tenían dificultades para pagar el alquiler de su pequeño piso.. mientras vosotros , sí, trabajabais también... pero disponíais de lujosos coches , viviendas carísimas y un ritmo de vida en algunos casos escandalosa... ese es el problema Deleite, ese ha sido tú problema. Tú que llegaste de una

familia humilde, has empleado parte de tu vida en situarte en el estadio de "siempre", no supiste pasar al "otro lado"...

- ¿Qué quieres decir "al otro lado"?

- "Al otro lado", quiere decir una nueva generación de personas que dignifiquen de verdad el valor de las personas por encima del capital, que elimine la ambición por la ambición y que se enfrenten a quien sea para que este mundo sea un poco más justo... y den ejemplos de una vez por todas para evitar destruir nuestro planeta, que al fin y al cabo es nuestra casa... nuestro hogar común...

Por la mente de Deleite paso fugazmente una visión de las instalaciones de la selva de Kemasdá y aún le pareció oler el denso ambiente de la oficina del virrey Koca Alnás. Si volviese a nacer...

Sólo habían pasado unos días, la maquina a la que estaba conectado Deleite empezó a emitir extraños silbidos. En aquel momento estaba solo, en dos minutos llego apresurada una enfermera...

- ¡Doctor, doctor! - gritó asustada.

J.J. y Luis Triunfin llegaron apresurados al hospital, les recibió el doctor de guardia,

- Lo siento hemos hecho todo lo que estaba en nuestras manos...

- Deleite había donado los órganos antes de morir... – recordó J.J.

- Sí, es cierto... pero no es posible...

- Que no es posible ¿qué? - preguntó extrañado Luis Triunfin

- Ningún órgano es aprovechable, estaba todo muy deteriorado... ni corazón, ni riñones... nada... un desastre... un pena... lo siento...

Ya todo había terminado para Deleite. Se fue en y desde la soledad.

Después de un más que íntimo funeral, J.J. y Luis Triunfin comentaban o más bien resumían a modo de epitafio la vida de su amigo Deleite.

- No fue una mala persona.
- Simplemente se equivocó más de la cuenta.
- Aunque él no lo percibió, nunca dirigió su propia vida.
- Fue "engullido" por el mensaje consumista y superficial de nuestro tiempo.
- Si seguimos así vamos a destruir el planeta en pocos años.
- ¿Cuándo la humanidad será "mayor" y utilizará su Adulto?

18

EL VIAJE AL FUTURO

Luis Triunfin y J.J. habían llegado al aeropuerto, como era su costumbre, con mucho tiempo de antelación a la hora de salida de su avión. Ello les permitía charlar de sus cosas con tranquilidad y echar una ojeada a una interesante librería.

J.J. estaba hojeando un libro cuando dos jóvenes y elegantes señoritas se pusieron a mirar un libro justo junto a él. Miró de reojo que libro estaban hojeando, y lo reconoció, las jóvenes pasaban con enorme interés hojas para adelante y para atrás. Una de ellas le miró.

- Es un buen libro... – comentó J.J. sin levantar la vista.

- ¿Lo has leído? - preguntó la más morena

- No, no lo he leído... – respondió J.J. sin levantar la mirada del que estaba hojeando.

- Entonces ¿cómo sabes que es un buen libro si no lo has leído?

- Lo he escrito...

- ¡Cómo! ¿qué lo has escrito? - dijo algo exaltada en esta ocasión la menos morena.

- Sí, lo he escrito yo...

- ¡Claro! ¡Usted es J.J.! – exclamó la más morena

- Sí, para vosotras sí...

- ¡Qué fuerte! - exclamó la menos morena cogiendo con fuerza el brazo a su amiga.

- ¿Os interesa el tema? ¿A que os dedicáis?
- Somos de Recursos Humanos - contestó con rapidez la menos morena
- Ah...estupendo... entonces seguro que tenemos muchas cosas en común.

Luis Triunfin se había acercado al "trio".

– Hola, buenas tardes ¿Me estoy perdiendo algo importante?
- Sí mira... os presento a Luis Triunfin, es un amigo... ellas son...
- Gabriela, - dijo la más morena
- Y Myriam - dijo sonriendo la menos morena
- Encantado, ¿y...? - interrogó Luis
- Pues nada, que estamos encantadas de haber conocido personalmente a J.J. – dijo entusiasmada Gabriela.
- Sí y además esperamos que nos hagas una buena dedicatoria ¿si te parece bien J.J.? - dijo Myriam mientras le alargaba libro y bolígrafo a J.J.
- Bueno, ¿Y dónde vais? - preguntó J.J.
- Vamos a un Congreso de Análisis Transaccional... es que somos Directoras de Recursos Humanos en nuestras respectivas empresas... nos han dicho que es muy interesante para su aplicación en la empresa... ¿a usted que le parece señor Triunfin, porque usted es el Consejero Delegado de Decentronik no? - preguntó Myriam
- Sí... soy Luis... y os aseguro que vais al lugar adecuada para tratar los temas adecuados para la dirección de personas. ¡Allí nos veremos!
- ¿No me digas que también vais al mismo Congreso?
- Por supuesto, - confirmó J.J.
- Seguro que a los dos es muy fácil encontrarlos en algún aeropuerto. – afirmó más que preguntó Myriam refiriéndose a J.J. y Luis Triunfin.
- Que va, - respondió Luis, - J.J. viaja más que yo a dar conferencias y todo eso, pero yo no viajo demasiado.
- Pero no es posible, - insistió Myriam, - los "altos ejecutivos" como tú siempre estáis viajando de un lado para otro... ¿no?
- Bueno, la verdad es que los directivos viajan mucho... demasiado diría yo... con los medios para comunicarse que existen actualmente, pienso sin temor a exagerar que más del cuarenta por ciento de los viajes de los directivos se podrían evitar... ¿no te parece J.J.?

- Ah... sí... por supuesto... bastante más del cuarenta por ciento... mucho tiempo perdido. Mucho tiempo... – J.J. había dedicado mucho tiempo a enseñar a otros a ahorrar tiempo, (y valga la redundancia) pero solía decir que en los directivos era tarea inútil... no se dejaban ayudar... él tenía su teoría del "porqué..." Algún día, seguro que la explicará...

- Yo ya había observado este tema de los viajes, - reflexionó Gabriela.

- Bueno... en mi empresa, -comentó Myriam, -es que siempre están viajando. No sabemos muy bien a qué. Pero ¡hala! Siempre de un lado para otro...

- Mira, allí están Lucia y Artur. Es que son consultores de Recursos Humanos que también vienen al Congreso. Buena gente. Grandes profesionales. Vamos a decirles que estamos aquí, - dijo Gabriela.

- De acuerdo nos vemos en la sala de embarque...

Las dos elegantes jóvenes pagaron sus libros. Habían sacado sus billeteros de unos "singulares" bolsos, (con sus respectivos certificados de "origen") que no pasaron desapercibidos para J.J. y Luis Triunfin.

Las jóvenes de alejaban mientras sus "magnificas" figuras eran contempladas por nuestros amigos... pero... aquellos bolsos... de pronto un rayo de luz solar que penetraba desde el exterior del aeropuerto, emitió un destello... primero en el bolso de Gabriela... de piel de cocodrilo... negro azabache, acto seguido en el de Myriam, un elegante bolso de piel de cocodrilo, negro con motas de verde selva. Fueron dos destellos como dos sonrisas. J.J. y Luis Triunfin se miraron asombrados.

- ¿Estás pensando lo mismo que yo? - preguntó Luis

- Exactamente lo mismo... no podían haber ido a parar a mejor lugar... hermosos hasta después de muertos... hay vidas que merecen la pena ser vividas...

El grupo había embarcado ya en su avión rumbo al Congreso de Análisis Transaccional. J.J. se arrellanó en su butaca junto a la ventanilla que gentilmente le había cedido Gabriela. Sacó su libreta, lo que él, seguramente recordando otros tiempos, llamaba "cuaderno de campo" y continuó escribiendo.... Recuerdos...

Las manos se entrelazan,
con apretones de colores,
saludos de verde lluvia,
recuerdos de otros sabores.

Caminos mil recorridos,
tropiezos a sudor lento,
expertos correcaminos,
aprendices de lo incierto.

Pobreza de delgado cuerpo,
esfuerzo de cuerpo entero,
deseos de tener algo,
antes de convertirme en reo.

J.J. Miró a su compañera Gabriela y siguió escribiendo...

Habanas y Varaderos,
De jilgueros cantando al viento,
Moreno cuerpo de azúcar,
Pasiones que duermen dentro.

¿Por qué van por esa calle?
¿por qué van a ese lugar?
Pregunta y pregunta,
Para poder averiguar,
¿por qué escogieron ese camino
que lleva a ningún lugar?

Ya llegaban a la mitad del viaje. J.J. se sentía muy a gusto. Miró a sus compañeros de viaje. "Aquí hay materia de la buena" – pensó mientras movía la cabeza en un claro signo de afirmación. Y siguió escribiendo:

Lograran cambiar el mundo,
Serán esperanza en fin
Para iniciar un nuevo camino
Hacia la igualdad en el vivir.

Jóvenes de nueva estampa,
Figuras con porvenir,
Semilla nueva en el mundo,
Para ayudar a mejor vivir.

Figuras de mente sana,
Gentes con sana ambición,
Para hacer un mundo más justo,
Sin hambre y sin corrupción,

Un mundo en fin...
Donde el dinero no sea el tirano
Que corrompe y hace sufrir,
Que ayuden a un cambio sereno
Hacia una felicidad sin fin...

JMO

COMPARATIVA

DELEITE El Directivo
- Hay que trabajar duro. - Hay que hacer las cosas deprisa y bien. - No me conformaré con ser "uno más". - Pasaré por encima de quien sea para triunfar.
- Hay muchos Directores que son unos incompetentes. - Él había demostrado que era el mejor. - Él seguía pensando que el esfuerzo es el elemento vital de las organizaciones. - No iba a perdonar a quien se la "jugase".
Esto es la guerra. - Lo importante es, ser Yo el que manda. - Aquí no te puedes fiar de nadie. - Caiga quien caiga, lo importante es ganar. (dinero)
- El que no está conmigo está contra mí. - Aquí no hay amigos. - El débil no tiene cabida en "nuestro" mundo. - Una mujer en la vida de un hombre, puede ser útil.
- Las mujeres en casa y a cuidar del marido. - No había que fiarse de la familia. (suegros incluidos) - Algunos (como Triunfin) tiene mucha suerte. - Si la mano dura no funciona, ¡más mano dura.

BOLSO El Cocodrilo

- La paciencia es una buena cualidad. Al final "rinde maestros"
- La Universidad de la vida, para los que no pueden pagar una costosa matrícula, es una buena opción.
- Tener la "sangre fría" como un reptil, a veces tiene sus ventajas.
- El estrés no es bueno para la salud.

- Antes de cambiar hay que pensar las consecuencias.
- Si te portas bien tus colegas te quieren.
- Si te portas bien nadie te echará de dónde estás.
- Si te portas bien te lo acabaran agradeciendo.

- El valor de la amistad
- A ser agradecido.
- A no olvidar a los amigos.
- A no dejarse cegar por la ambición.

- Los extraños sólo son amigos a los que no conocía.
- Se puede hacer amigos en cualquier lugar.
- Siempre hay que ayudar al más débil.
- Es más libre quien ayuda a otros a ser libres.
- La vida, en el caso del macho, es más bella si se comparte con una hembra.

- Algunos Gurús, no tienen ni idea de empresa.
- Hay que exigir más a los empleados. (insisto)
- No te puedes fiar ni de tu propio equipo.
- Las mujeres, sirven para lo que sirven.

- No fue una mala persona. Simplemente se equivocó más de la cuenta.
- Nunca dirigió su vida.
- Fue engullido por la sociedad

BOLSO El Cocodrilo

- Los amigos, son amigos ¡siempre!
- Ante la adversidad hay que crecerse y ¡actuar!
- A veces los que parecen más débiles, son los que nos pueden dar lecciones de "poder" incluso salvarnos... la vida.

- Comprendieron Su rol y actuaron en consecuencia.
- Dieron un ejemplo de multiculturalidad..
- Eran agradecidos con sus colegas y cuidadores.
- Nunca hicieron ostentación de fuerza
- Supieron morir dignamente.

- Siempre habrá quien les recordara con amor y agradecimiento.

SOBRE EL AUTOR

Juan Manuel Opi Lecina

Villanueva de Sigena - Huesca - España

Diplomado en Marketing y Dirección de Empresas.

Diplomado en Psicología Clínica, Psicometría y Psicoterapia
(Centro Internacional de Psicología)
Master en Análisis Transaccional, especialidad Clínica (Estrés) y
Organizacional.
Certificado en Psiquiatría Integral y Ortomolecular.

Columnista colaborador en diversas revistas técnicas y periódicos,(El
Periódico de Catalunya, Saber Vivir, etc) en las distintas áreas de la
economía, psicología y RR.HH, entre otras.

Miembro del Consejo Asesor del Instituto de Estudios Sigenenses
Miguel Servet.

Ha participado como ponente en Congresos nacionales e
internacionales y como experto invitado en diferentes medios de
comunicación.

Autor de los libros:

"Técnicas de Negociación Transaccional"
Gestión 2000 (1998) (2ª edición)

"Las Claves del Comportamiento Humano"
Amat Editorial (2002) (2º Edición. Grupo Planeta)

"La Dieta del P.A.N." (En colaboración con la Dra. Mª Isabel Beltrán)
Amat Editorial (2005) (Grupo Planeta)

El reto de ser Feliz "Cómo vivir sin estrés"
Amat Editorial (2010)

Los Fundamento de la energía Positiva (En Colaboración con Miquel Garriga)
Ed CCS (2013)

La Inteligencia Inteligente
Códice Editorial (2016)

www.ingramcontent.com/pod-product-compliance
Lightning Source LLC
Chambersburg PA
CBHW052319220526
45472CB00001B/180